Arendt | Mensch und Politik

[Was bedeutet das alles?]

Hannah Arendt

Mensch und Politik

Mit einem Nachwort von Thomas Meyer

Reclam

8. Auflage

RECLAMS UNIVERSAL-BIBLIOTHEK Nr. 19465
2017, 2024 Philipp Reclam jun. Verlag GmbH,
Siemensstraße 32, 71254 Ditzingen
info@reclam.de

Gestaltung: Cornelia Feyll, Friedrich Forssman
Druck und Bindung: Elanders Waiblingen GmbH,
Anton-Schmidt-Straße 15, 71332 Waiblingen
Printed in Germany 2026
RECLAM, UNIVERSAL-BIBLIOTHEK und
RECLAMS UNIVERSAL-BIBLIOTHEK sind eingetragene Marken
der Philipp Reclam jun. GmbH & Co. KG, Stuttgart
ISBN 978-3-15-019465-2
reclam.de

Inhalt

Der Mensch, ein gesellschaftliches oder ein politisches Lebewesen

Die Vita activa, menschliches Leben, sofern es sich auf Tätigsein eingelassen hat, bewegt sich in einer Menschen- und Dingwelt, aus der es sich niemals entfernt und die es nirgends transzendiert. Jede menschliche Tätigkeit spielt in einer Umgebung von Dingen und Menschen; in ihr ist sie lokalisiert und ohne sie verlöre sie jeden Sinn. Diese umgebende Welt wiederum, in die ein jeder hineingeboren ist, verdankt wesentlich dem Menschen ihre Existenz, seinem Herstellen von Dingen, seiner pflegenden Fürsorge des Bodens und der Landschaft, seinem handelnden Organisieren der politischen Bezüge in menschlichen Gemeinschaften. Es gibt kein menschliches Leben, auch nicht das Leben des Einsiedlers in der Wüste, das nicht, sofern es überhaupt etwas tut, in einer Welt lebt, die direkt oder indirekt von der Anwesenheit anderer Menschen zeugt.

Alle menschlichen Tätigkeiten sind bedingt durch die Tatsache, dass Menschen zusammen leben, aber nur das Handeln ist nicht einmal vorstellbar außerhalb der Menschengesellschaft. Die Tätigkeit des Arbeitens als solche bedarf nicht der Gegenwart anderer Menschen, wiewohl ein in völliger Einsamkeit arbeitendes Wesen kaum noch ein Mensch wäre; er wäre ein animal laborans[1] in des Wortes wörtlichster und furchtbarster Bedeutung. Ein Wesen, das Dinge herstellt und eine nur von ihm bewohnte Welt erbaut, wäre zwar noch ein Hersteller, aber

1 Lat.: ›ein arbeitendes Tier‹.

schwerlich Homo faber[2]; es hätte seine spezifisch menschliche Eigenschaft verloren und gliche eher einem Gott – zwar nicht einem Schöpfergott, aber doch dem göttlichen Demiurg[3], wie ihn Plato[4] in einem seiner Mythen beschreibt. Handeln allein ist das ausschließliche Vorrecht des Menschen; weder Tier noch Gott sind des Handelns fähig, und nur das Handeln kann als Tätigkeit überhaupt nicht zum Zuge kommen ohne die ständige Anwesenheit einer Mitwelt.

Dieser besondere Bezug, der das Handeln an das menschliche Zusammen bindet, scheint es vollkommen zu rechtfertigen, dass schon sehr früh (bei Seneca) die aristotelische Bestimmung des Menschen als eines ζῷον πολιτικόν, eines politischen Lebewesens, im Lateinischen durch das animal socialis wiedergegeben wird, bis schließlich Thomas[5] ausdrücklich sagt: homo est naturaliter politicus, id est, socialis: »Der Mensch ist von Natur politisch, das heißt gesellschaftlich.« In Wahrheit liegen die Dinge ganz anders, und die Selbstverständlichkeit, mit der hier das Gesellschaftliche an die Stelle des Politischen tritt, verrät mehr als alle Theorien, wie sehr die ursprüngliche griechische Auf-

2 Lat.: ›der schaffende Mensch‹.

3 Griech.: ›Handwerker, Künstler, Bildner‹, vgl. ›Baumeister‹ bei Platon, *Timaios*, 28c, Stuttgart 2003, S. 37.

4 Platon (428/427 – 348/347 v. Chr.), einer der bekanntesten griechischen Philosophen der Antike. Platon hinterließ ein umfangreiches Werk, das zum größten Teil in Form von Dialogen vorliegt. In den Dialogen erörtert Platons Lehrer Sokrates mit verschiedensten Gesprächspartnern philosophische Probleme.

5 Thomas von Aquin (um 1225–1274), Dominikaner, einer der bedeutendsten Philosophen und Theologen des Mittelalters. Er zählt zu den Hauptvertretern der Scholastik.

fassung von dem, was Politik eigentlich ist, verlorengegangen war.

Zwar nicht entscheidend, aber doch bezeichnend für die Fehlübersetzung ist, dass das Wort ›sozial‹ nur im Lateinischen existiert und keine Entsprechung in der griechischen Sprache oder im griechischen Denken hat. Wesentlicher ist, dass das Wort societas ursprünglich im Lateinischen eine klare, wenn auch begrenzte politische Bedeutung hatte; es bezeichnete ein Bündnis, in das Menschen miteinander für einen bestimmten Zweck traten, also z. B. um sich die Herrschaft über andere anzueignen oder auch um ein Verbrechen zu begehen. Erst als man später begann, von einer societas generis humani, einer Gesellschaft des Menschengeschlechts, zu sprechen, konnte man auch meinen, dass es zur Natur des Menschen gehöre, »sozial« zu sein, in Gesellschaft zu leben. Der Unterschied zum griechischen Denken liegt im Folgenden: Natürlich haben auch Plato und Aristoteles[6] gewusst, dass der Mensch nicht außerhalb der Menschengesellschaft leben kann, aber dies gerade galt ihnen nicht als eine spezifisch menschliche Eigentümlichkeit, sondern im Gegenteil als etwas, was menschliches und tierisches Leben miteinander gemein haben, und das daher unter keinen Umständen zu den eigentümlichen Grundbedingungen des Menschlichen gerechnet werden kann. Das natürliche, gesellschaftliche Zusammenleben des Menschengeschlechts galt als eine dem Menschen durch die Notwendigkeiten seines biologischen Lebendigseins auf-

6 Aristoteles (384–322 v. Chr.), griechischer Philosoph, der zahlreiche Disziplinen begründete oder maßgeblich beeinflusste. Darunter fallen u. a. Logik, Wissenschaftstheorie, Rhetorik, Naturlehre, Metaphysik, Ethik, Staatslehre und Dichtungstheorie.

erlegte Begrenzung, gerade weil diese Notwendigkeiten ja offenbar für das menschliche Leben die gleichen sind wie für andere Formen organischen Lebens.

Griechischem Denken gemäß ist die menschliche Fähigkeit für politische Organisation von dem naturhaften Zusammenleben, in dessen Mittelpunkt das Haus (οἰκία) und die Familie stehen, nicht nur zu scheiden, sie steht sogar in einem ausgesprochenen Gegensatz dazu. Das Entstehen der Polis, die durchaus den Rahmen für das griechische Verständnis von Politik hergibt, hatte zur Folge gehabt, dass ein jeder »außer seinem privaten Leben noch eine Art zweiten Lebens erhielt, seinen βίος πολιτικός. Jeder Bürger gehörte von nun an zwei Seinsordnungen zu, und sein Leben war dadurch gekennzeichnet, dass es genau aufgeteilt war zwischen dem, was er sein eigen nannte (ἴδιον) und dem, was gemeinsam war (κοινόν).« Es ist nicht eine beliebige Meinung oder Theorie des Aristoteles, sondern eine geschichtliche Tatsache, dass der Gründung der Polis die Vernichtung aller Verbände vorangegangen war, die wie die φράτρη[7] oder die φυλή[8] auf dem Natürlichen, also auf der Familie und den Blutsverwandtschaften beruhten. Von den Tätigkeiten, die in allen Formen menschlichen Zusammenlebens anzutreffen sind, galten nur zwei als eigentlich politisch, nämlich Handeln (πρᾶξις) und Reden (λέξις), und nur sie begründen jenen »Bereich der menschlichen Angelegenheiten«, τὰ τῶν ἀνθρώπων πράγματα, wie Plato zu sagen

7 Griech. φρατρία ›Sippe, Bruderschaft, Verband von Familiengruppen mit gemeinsamer Abstammung‹.

8 Griech.: ›(Volks-)Stamm, Volk‹.

pflegte, aus dem gerade alles nur Notwendige oder auch nur Nützliche ausgeschlossen war.

Sicher ermöglichte erst die Gründung der Stadt-Staaten es den Griechen, ihr Leben in einem so großen Ausmaße in diesem politischen Bereich, also mit Handeln und Sprechen, zu verbringen; aber die Überzeugung, dass diese beiden menschlichen Fähigkeiten aufs engste zusammengehören und dass sie die höchsten Gaben des Menschen darstellen, scheint älter als die Gründung der Polis und gilt bereits in Homer als etwas Selbstverständliches. Denn die Größe des homerischen Achill liegt natürlich bereits darin, dass er in der Tat der Täter großer Taten und der Sprecher großer Worte ist. Und im Unterschied zu moderner Auffassung galten seine Worte nicht darum als groß, weil sie große Gedanken ausdrückten. Wie wir aus den letzten Zeilen der Antigone[9] wissen, steht es vielmehr umgekehrt: μεγάλοι λόγοι, große Worte oder, wie Hölderlin[10] übersetzt, »Große Blicke aber / Große Streiche der hohen Schultern / vergeltend, / Sie haben im Alter gelehrt, zu denken.« Hier entspringt die Einsicht und mit ihr das Denken aus dem Sprechen, und nicht umgekehrt, aber Sprechen und Handeln galten als gleich ursprünglich und einander ebenbürtig, sie waren gleicher Art und gleichen Ranges. Und dies nicht nur, weil ja offenbar alles politische Handeln, sofern es sich nicht der Mittel der Gewalt bedient, sich durch Sprechen vollzieht, sondern auch in dem noch elementareren Sinne, dass nämlich das Finden des rechten Wortes im

9 *Antigone*: Theaterstück von Sophokles (497/496–406/405 v. Chr.) über moralisch gerechtfertigtes Aufbegehren gegen staatliche Ordnung.

10 Friedrich Hölderlin (1770–1843), bedeutender deutscher Lyriker.

rechten Augenblick, ganz unabhängig von seinem Informations- oder Kommunikationsgehalt an andere Menschen, bereits Handeln ist. Stumm ist nur die Gewalt, und schon aus diesem Grunde kann die schiere Gewalt niemals Anspruch auf Größe machen. Selbst als in späterer Zeit die Kriegs- und die Redekunst gleichermaßen in den Vordergrund der eigentlich politischen Erziehung rücken, ist diese Zusammenstellung selbst immer noch von diesen frühesten, gleichsam vorpolitischen Erfahrungen bestimmt.

Erst in der Erfahrungswelt der Polis selbst, die nicht ohne Grund als die »schwatzhafteste« aller Staatsformen von Burckhardt[11] bezeichnet wurde, und noch entscheidender in der politischen Philosophie, die ja aus der Erfahrungswelt der Polis stammt, treten Handeln und Sprechen mehr und mehr auseinander, bis sie zwei voneinander ganz getrennte Tätigkeiten bilden. Dabei verschob sich der Akzent vom Handeln auf das Sprechen, und das Sprechen wiederum galt nicht mehr so sehr als eine ausgezeichnete Art, in der Menschen dem entsprechen, oder sich mit dem messen oder auch sich gegen das wehren können, was ihnen geschieht oder was vor ihren Augen sich abspielt, sondern die Rede galt nun im Wesentlichen als ein Mittel des Überredens und des Überzeugens. Politisch zu sein, in einer Polis zu leben, das hieß, dass alle Angelegenheiten vermittels der Worte, die überzeugen können, geregelt wird, und nicht durch Zwang oder Gewalt. Andere durch Gewalt zu zwingen, zu befehlen statt zu überzeugen, galt den Griechen als eine gleichsam präpolitische Art des Menschenumgangs, wie er

11 Jacob Burckhardt (1818–1897), Kulturhistoriker, besonders einflussreich durch sein Werk *Die Cultur der Renaissance in Italien* (1860).

üblich war in dem Leben außerhalb der Polis, also im Umgang mit den Angehörigen des Hauses und der Familie, über welche das Familienoberhaupt despotische Macht ausübte, aber auch in den barbarischen Reichen Asiens, deren despotische Regierungsformen häufig mit der Haushalts- und Familienorganisation verglichen wurden.

Aristoteles' Bestimmung des Menschen als eines politischen Lebewesens beruhte also auf Erfahrungen, die gerade außerhalb des natürlichen Bereichs menschlichen Zusammenlebens gemacht waren und zu diesen in einem ausgesprochenen Gegensatz standen. Wirklich verständlich wird sie zudem erst, wenn man ihr die zweite berühmte aristotelische »Definition« des Menschen hinzufügt, dass nämlich der Mensch ζῶον λόγον ἔχον ist, ein Lebewesen im Besitz des Logos. Die lateinische Übersetzung dieser Definition, das animal rationale, beruht auf einem ebenso fundamentalen Missverständnis wie der Begriff des animal sociale. Aristoteles meinte weder, den Menschen wirklich zu definieren, noch die in seinem Sinne höchste menschliche Fähigkeit zu bestimmen, denn diese war für ihn nicht der Logos, das Reden und redende Argumentieren und argumentierende Denken, sondern der νοῦς, die Fähigkeit der Kontemplation, die gerade dadurch ausgezeichnet ist, dass ihr kein Reden oder Sprechen entspricht. Was man gemeinhin für die berühmte Definition des Menschen durch Aristoteles hält, sind in Wahrheit nur die artikulierte und begrifflich geklärte Wiedergabe der geläufigen Meinung der Polis über das Wesen des Menschen, sofern er ein Polisbewohner und politisch ist; denn gemäß dieser Meinung waren die, welche nicht Bürger einer Polis waren – Sklaven und Barbaren –, ἄνευ λόγον, ohne Logos, was natürlich nicht heißt, dass sie nicht sprechen konnten, wohl aber, dass ihr Leben außerhalb des Logos verlief, dass das Sprechen als solches für sie ohne Bedeutung war, während die griechische Lebensform sich dadurch auszeichnete, dass sie vom Reden bestimmt war und dass das zentrale Anliegen der Bürger das Miteinander-Sprechen war.

Das tiefe Missverständnis, das in der lateinischen Übersetzung des Wortes ›politisch‹ durch ›sozial‹ zum Ausdruck kommt, zeigt sich vielleicht am deutlichsten, wenn Thomas das Wesen des Haushaltsregiments mit der Herrschaft im öffentlich politischen Bereich vergleicht: Das Oberhaupt eines Haushalts, so meint er, hat Ähnlichkeit mit dem Oberhaupt eines Königreiches, nur dass, wie er hinzufügt, seine Machtvollkommenheit eine geringere ist als die eines Königs. Hier ist der Unterschied zwischen der allgemeinen öffentlichen Meinung der gesamten abendländischen Antike und der des Mittelalters, welche Aristoteles und Thomas natürlich jeweils als das ihnen Selbstverständliche voraussetzen, in der Tat eklatant. Denn nichts war nicht nur der Polis, sondern der Antike überhaupt selbstverständlicher, als dass sogar die Macht des Tyrannen begrenzt und weniger machtvollkommen ist als diejenige, mit der ein Paterfamilias, der wirklich dominus[12] war, über seinen Sklavenhaushalt und seine Familie herrschte. Und dies nicht etwa, weil die Macht des politischen Herrschers in Schach gehalten würde von der Macht der miteinander verbündeten Bürger, sondern weil absolute, unanfechtbare Herrschaft innerhalb des politischen Bereichs als eine contradictio in adiecto[13] galt.

12 Lat.: ›Hausherr‹.

13 Lat.: ›ein Widerspruch in sich‹.

Die Polis und der Haushalt

Obwohl das Missverständnis, das das Politische dem Sozialen gleichstellt, so alt ist wie die Übersetzung griechischer Begriffe ins Lateinische und ihre Anpassung an römisch-christliches Denken, so hat doch die Neuzeit mit ihrem modernen Begriff der Gesellschaft diese Dinge noch einmal entscheidend kompliziert. Die einfache Unterscheidung zwischen privat und öffentlich entspricht dem Bereich des Haushalts auf der einen, dem Raum des Politischen auf der anderen Seite, und diese Bereiche haben als unterschiedene, genau voneinander getrennte Einheiten zum mindesten seit Beginn des antiken Stadt-Staates existiert. Neu hingegen ist das Aufkommen eines im eigentlichen Sinne gesellschaftlichen Raumes, dessen Erscheinen mit der Geburt der Neuzeit zusammenfällt und der seine politische Form im Nationalstaat gefunden hat.

Wir müssen uns in diesem Zusammenhang erst einmal darüber klar werden, welche außerordentlichen Schwierigkeiten wir infolge der neuzeitlichen Entwicklung haben, diese entscheidenden Trennungen und Unterschiede zwischen öffentlich und privat, zwischen dem Raum der Polis und dem Bereich des Haushalts und der Familie, schließlich zwischen den Tätigkeiten, die der Erhaltung des Lebens dienen und denjenigen, die sich auf eine allen gemeinsame Welt richten, überhaupt zu verstehen, wobei wir nicht aus den Augen verlieren dürfen, dass diese Trennungen und Unterscheidungen die selbstverständliche und axiomatische[14] Grundlage des gesamten politischen Denkens der

14 Lat.: ›unanzweifelbar, gewiss‹.

Antike bilden. Uns ist es selbstverständlich, diese Dinge nicht genau voneinander zu trennen, weil wir seit dem Beginn der Neuzeit jeden Volkskörper und jedes politische Gemeinwesen im Bild der Familie verstehen, dessen Angelegenheiten und täglichen Geschäfte wie ein ins gigantische gewachsener Haushaltsapparat verwaltet und erledigt werden. Das wissenschaftliche Denken, das dieser Entwicklung entspricht, heißt nicht mehr politische Wissenschaft, sondern »National-Ökonomie« oder Volkswirtschaft oder »social economy«, und alle diese Ausdrücke weisen darauf hin, dass wir es in der Tat mit einer Art »kollektiven Haushaltens« zu tun haben. Was wir heute Gesellschaft nennen, ist ein Familienkollektiv, das sich ökonomisch als eine gigantische Über-Familie versteht und dessen politische Organisationsform die Nation bildet. Wir können uns daher nur mit Mühe vorstellen, dass antikem Denken zufolge ein Begriff wie politische Ökonomie in sich selbst widerspruchsvoll gewesen wäre: was immer »ökonomisch« war, nämlich zugehörig zum schieren Leben des Einzelnen und zum Überleben der Gattung, war dadurch bereits als nichtpolitisch identifiziert und definiert.

Historisch ist es sehr wahrscheinlich, dass das Entstehen des Stadt-Staates und des öffentlichen Bereichs auf Kosten der Macht und der Bedeutung des Privaten, der Familie und des Haushalts, stattgefunden hat. Dennoch blieb die uralte Heiligkeit des häuslichen Herdes selbst in Griechenland, das in der Auflösung der Familienbande zugunsten des politischen Verbands viel weiter ging als die römische Republik, immer erhalten. Und es war nicht so sehr der Respekt vor Privatbesitz in unserem Sinne, der die Polis daran hinderte, den privaten Bereich ihrer Bürger zu ruinieren, als das Gefühl dafür, dass ohne ein gesichertes Eigentum niemand sich in die Angelegenheiten der gemeinsamen Welt mischen konnte, weil er ohne eine Stätte, die er wirklich sein eigen nennen konnte, in ihr gleichsam nirgends lokalisiert war. Selbst Plato, der politisch in der Abschaffung des Privateigentums zugunsten einer ungeheuren Ausdehnung des öffentlichen Bereichs so weit ging, dass man von einer wirklichen Vernichtung des Privatlebens sprechen kann, hat noch mit größter Verehrung von Zeus Herkeios gesprochen, dem Schützer der Grenzen, und er nennt die ὅροι, die Grenzpfähle, welche zwischen den Besitzungen der Bürger aufgerichtet sind, heilig, ohne darin einen Widerspruch zu seinen utopischen Plänen zu sehen.

Die Sphäre des Haushalts war dadurch ausgezeichnet, dass das Zusammenleben in ihr vornehmlich von den menschlichen Bedürfnissen und Lebensnotwendigkeiten diktiert war. Die Kraft, welche die Menschen hier zusammentrieb, war das Leben selbst, das Leben des Einzelnen wie das der Gattung, und die Penaten, die römischen Haushaltgötter, waren demnach für Plutarch »die Götter, die unser Leben erhalten und unsern Körper ernähren«. Dass die Sorge für die Erhaltung des Einzelnen dem Manne und die für die Erhaltung der Gattung der Frau oblag, schien von der Natur selbst vorgezeichnet, und die beiden natürlichsten Funktionen des Menschen, das Arbeiten des Mannes, das der Nahrung dient, und das Gebären der Frau, das der Fortpflanzung dient, waren gleicherweise dem Drang und Trieb des Lebens untertan. Das natürliche Zusammenleben im Haushalt hatte daher seinen Ursprung in der Notwendigkeit, und Notwendigkeit durchherrschte alle Tätigkeiten, die in diesen Bereich fielen.

Im Gegensatz hierzu war der Raum der Polis das Reich der Freiheit, und sofern es überhaupt einen Bezug zwischen diesen beiden Bereichen gab, so galt für ihn natürlicherweise, dass die Beherrschung der Lebensnotwendigkeiten innerhalb eines Haushaltes die Bedingungen für die Freiheit in der Polis bereitstellte. Auf keinen Fall konnte man daher unter Politik etwas verstehen, was für das Wohlergehen der Gesellschaft notwendig war – ob es sich nun um eine Gesellschaft der Gläubigen handelte, wie im Mittelalter, oder eine Gesellschaft von Eigentümern wie bei Locke[15], oder eine Erwerbsgesellschaft wie bei Hobbes[16], oder eine Gesellschaft von Produzenten wie bei Marx[17], oder eine Gesellschaft von jobholders wie in der modernen Gesellschaft der westlichen Länder, oder eine Gesellschaft von Arbeitern wie in sozialistischen oder kommunistischen Ländern. In all diesen Fällen ist es die Freiheit der Gesellschaft, die eine Beschränkung der politischen Machtvollkommenheit verlangt und rechtfertigt. Freiheit hat ihren Sitz im Gesellschaftlichen, während Zwang und Gewalt im Politischen lokalisiert sind und so das Monopol des Staates werden.

15 John Locke (1632–1704), englischer Philosoph, einer der Hauptvertreter des Empirismus und Begründer des Liberalismus. Sein politisches Hauptwerk *Two Treatises of Government* (*Über die Regierung*) wird oft als Manifest für die liberale Demokratie und den Kapitalismus bezeichnet.

16 Thomas Hobbes (1588–1679), einer der wichtigsten politischen Philosophen. Hobbes' staatstheoretische Lehren sind Gegenstand seines Hauptwerks *Leviathan.*

17 Karl Marx (1818–1883), Gesellschafstheoretiker und Philosoph (*Das Kapital*). Gemeinsam mit Friedrich Engels wurde er zum einflussreichsten Theoretiker des Sozialismus und Kommunismus.

Wie sehr nun auch immer griechische Philosophen sich gegen das Politische, das Leben in der Polis, wenden mochten, so blieb für sie doch selbstverständlich, dass der Sitz der Freiheit ausschließlich im politischen Bereich lokalisiert ist, dass Notwendigkeit ein präpolitisches Phänomen ist, das den privaten Haushaltsbereich charakterisiert, und dass Zwang und Gewalt nur in dieser Sphäre zu rechtfertigen sind, weil sie die einzigen Mittel bereitstellen, um der Notwendigkeit Herr zu werden – z. B. durch die Herrschaft über Sklaven – und frei zu sein. Die Notwendigkeit, deren Zwang alle Sterblichen unterworfen sind, rechtfertigt die Gewalt; gewaltsam befreien sich die Menschen von der Notwendigkeit, die das Leben auf sie legt, für die Freiheit der Welt. Diese Freiheit in der Welt war den Griechen Bedingung für das, was sie Glück nannten, die εὐδαιμονία, die unerlässlich mit Gesundheit und Wohlhabenheit verbunden war, die insgesamt eine objektive Lage in der Welt bezeichneten. Wer arm war oder krank, blieb der Notwendigkeit des Physischen unterworfen, auch wenn er technisch frei war; wer Sklave war und nicht nur arm, war außerdem noch der durch Menschen ausgeübten Herrschaft der Gewalt unterstellt. Dies zweifache und verdoppelte »Unglück« der Versklavtheit hat nichts damit zu tun, ob der Sklave sich subjektiv wohl befand und es gut hatte; und ein armer Mann, der aber frei war, zog die Unsicherheit eines täglich schwankenden Arbeitsmarktes einem gesicherten Erwerb vor, weil die mit der Sicherung verbundene Verpflichtung bereits als Einschränkung der Freiheit empfunden wurde; so galt auch schwere Arbeit als weniger drückend als das leichte Leben vieler im Haushalt beschäftigten Sklaven.

Der präpolitische Zwang, den der Herr über die Familie und ihre Sklaven ausübte, und der gerade deshalb für unabänderlich gehalten wurde, weil der Mensch ein »gesellschaftliches« Wesen ist, bevor er ein politisches werden kann, hat indes nichts gemein mit dem chaotischen »Naturzustand«, den die politischen Denker des siebzehnten Jahrhunderts für den Urzustand der Menschen halten, aus dessen Gewaltsamkeit und Unsicherheit sie die Flucht in den Staat empfehlen, der nun seinerseits alle Gewalt und alle Macht monopolisiert und dem »Krieg aller gegen alle« dadurch ein Ende setzt, dass er »alle gleichmäßig in Schrecken hält«. Was wir unter Herrschen und Beherrschtwerden, unter Macht und Staat und Regierung verstehen, kurz unsere gesamten politischen Ordnungsbegriffe, galten umgekehrt als präpolitisch; sie hatten ihre Berechtigung nicht im Öffentlichen sondern im Privaten und waren im eigentlichen Wortsinne unpolitisch – nicht der Polis zugehörig.

Die Polis unterschied sich von dem Haushaltsbereich dadurch, dass es in ihr nur Gleiche gab, während die Haushaltsordnung auf Ungleichheit geradezu beruhte. Freisein bedeutete ebenso ein Nichtbefehlen wie es die Freiheit von dem Zwang der Notwendigkeit und den Befehlen eines Herrn beinhaltete. Freisein hieß weder herrschen noch beherrscht werden. Innerhalb des Haushaltsbereichs konnte es also Freiheit überhaupt nicht geben, auch nicht für den Herrn des Hauses, der als frei nur darum galt, weil es ihm freistand, sein Haus zu verlassen und sich in den politischen Raum zu begeben, wo er unter seinesgleichen war. Diese Gleichheit innerhalb der Polis hat sicher sehr wenig mit unserer Vorstellung von Egalität gemein; sie bedeutete, dass man es nur mit seinesgleichen zu tun hatte, und setzte so die Existenz von »Ungleichen« als selbstverständlich voraus, wie denn ja auch diese »Ungleichen« stets die Mehrheit der Bevölkerung in den Stadt-Staaten gebildet haben. Gleichheit, die in der Neuzeit immer eine Forderung der Gerechtigkeit war, bildete in der Antike umgekehrt das eigentliche Wesen der Freiheit: Freisein hieß frei zu sein von der allen Herrschaftsverhältnissen innewohnenden Ungleichheit, sich in einem Raum zu bewegen, in dem es weder Herrschen noch Beherrschtwerden gab.

Hier endet aber auch bereits die Möglichkeit, den tiefgehenden Unterschied zwischen neuzeitlicher und antiker Auffassung vom Politischen in der Form von Gegensatzpaaren zu fassen. Die größte Schwierigkeit für ein wie immer geartetes Vergleichen liegt darin, dass die Neuzeit das Gesellschaftliche nicht eigentlich vom Politischen scheidet und unterscheidet. Dass Politik nur eine Funktion der Gesellschaft ist, dass Handeln, Sprechen und Denken primär den Überbau sozialer Interessen bilden, ist ja weder eine Entdeckung noch eine bloße Erfindung von Marx, sondern gehört im Gegenteil zu den axiomatischen Voraussetzungen, die Marx kritiklos von der politischen Ökonomie der Neuzeit übernommen hat. Diese Funktionalisierung des Politischen macht es natürlich unmöglich, den Abstand, der das Politische vom Gesellschaftlichen trennt, auch nur zu bemerken. Und auch dies ist nicht eine Sache irgendeiner willkürlichen Theorie oder Ideologie, da mit dem Entstehen der Gesellschaft in der Neuzeit, das heißt mit dem Aufstieg des »Haushalts« und der »ökonomischen« (οἰκία) Tätigkeiten in den Raum des Öffentlichen, das Haushalten selbst und alle Angelegenheiten, die ehemals in die Privatsphäre der Familie gehörten, nun alle angehen, und das heißt zu »kollektiven« Angelegenheiten geworden sind. So gehen in der modernen Welt diese beiden Gebiete dauernd ineinander über, als seien sie nur die Wellen in dem immer fließenden Strom des Lebensprozesses selbst.

Das Verschwinden der Kluft, welche die Menschen des klassischen Altertums gleichsam täglich überqueren mussten, um den engen Bezirk des Haushalts zu übersteigen und aufzusteigen in den Bereich des Politischen, ist ein wesentlich neuzeitliches Phänomen. Denn der Abstand zwischen dem Privaten und dem Öffentlichen war im Mittelalter noch irgendwie vorhanden, wenn er auch viel von seiner Bedeutung eingebüßt und vor allem seine Position völlig verändert hatte. Man hat mit Recht gesagt, dass nach dem Untergang des römischen Reiches die katholische Kirche es war, die einen Ersatz für die Zugehörigkeit zu einem öffentlichen Körper bot, die in den letzten Jahrhunderten der ausgehenden Antike vor allem in der Munizipalverwaltung[18] realisiert werden konnte. Die spezifisch mittelalterliche Spannung zwischen dem Dunkel des Alltäglichen und der großartigen Pracht heiliger Stätten schuf einen Abstand zwischen dem Weltlichen und dem durch Religion Geheiligten, der in vielem der Kluft zwischen dem Privaten und dem Öffentlichen in der Antike entspricht; auch hier besagte das Hinüberwechseln aus dem einen in den anderen Bereich einen Aufstieg und ein Übersteigen. Dabei ist der Unterschied zwischen Antike und Mittelalter natürlich nicht zu übersehen; denn wie weltlich auch immer die Kirche schließlich werden mochte, so blieb sie doch an ein

18 Munizipal (lat.): ›städtisch, eine Stadtgemeinde betreffend‹.

Jenseits gebunden, da die Sorge um das Seelenheil allein die Gemeinschaft der Gläubigen zusammenhalten konnte. Dennoch ist eine Gleichsetzung des Religiösen mit dem Öffentlichen, wenn auch unter Vorbehalten, möglich, während das Bereich des Weltlichen in den Jahrhunderten des Feudalismus ganz und gar an die Stelle rückte, die in der Antike dem privaten Bereich zugewiesen war. Eines der hervorragenden Merkmale dieser Zeit war, dass alle menschlichen Tätigkeiten und alle alltäglichen weltlichen Begebenheiten im Rahmen des Privathaushalts vonstattengingen, so dass es einen weltlich-öffentlichen Bereich im eigentlichen Sinn gar nicht gab.

Charakteristisch für dies enorme Anwachsen des privaten Bereichs, und damit für den Unterschied zwischen dem antiken paterfamilias und dem Feudalherrn, war, dass dieser in den Grenzen seiner Herrschaft Recht sprechen durfte, während es in der Antike zwar milde und harte Herren, gerechte und ungerechte gegeben hat, aber nicht eigentlich Recht und Gesetz in dem Verhältnis zwischen Diener und Herr; diese nämlich waren außerhalb des öffentlich politischen Bereiches völlig undenkbar. Die Privatisierung aller menschlichen Tätigkeiten und die daraus folgende Privatisierung aller menschlichen Beziehungen kann man bis weit in die spezifisch mittelalterlichen Berufsorganisationen noch in den Städten verfolgen, in die Gilden und Zünfte, die confrèreries[19] und compagnons[20],

19 Frz.: ›(geistige, religiöse) Bruderschaften‹, später in Ableitung auch ›Schwesternschaften‹.

20 Frz.: ›Gefährten, Begleiter, Gesellen‹, ›Compagnons du Tour de France‹ sind eine Vereinigung von Handwerkern, zu deren Ausbildung eine gemeinsame ›Tour‹ gehört.

wie sie sich charakteristischerweise in Anlehnung an Familien- und Haushaltsbeziehungen nennen, ja selbst noch bis in die frühen Handelskompanien, in denen »sich ein ursprünglich einheitlicher Haushalt noch in Worten wie ›Kompanie‹ (companis) … und solchen Wendungen wie ›Leute, die dasselbe Brot essen‹, ›Leute, die Brot und Wein miteinander teilen‹ kundgibt«. Der mittelalterliche Begriff des »Gemeinwohls«, weit entfernt, die Existenz eines öffentlich politischen Bereichs anzuzeigen, bezeugt vielmehr die Anerkennung, dass private einzelne gemeinsame Interessen haben können, und zwar geistiger wie materieller Natur, und dass sie derart im Privaten und einzig mit ihren eigenen Angelegenheiten beschäftigt nur bleiben können, wenn einer von ihnen es übernimmt, sich der allen gemeinsamen Interessen anzunehmen. Nicht so sehr die Anerkennung des »Gemeinwohls« unterscheidet diese wesentlich christliche Haltung zum Politischen von der modernen, als vielmehr die Ausschließlichkeit des privaten Bereichs und das Fehlen jenes merkwürdigen Zwischenreiches, in dem privaten Interessen öffentliche Bedeutung zukommt und den wir Gesellschaft nennen.

So ist es auch nicht überraschend, dass das ausschließlich mit dem Weltlichen befasste politische Denken des Mittelalters nichts wusste von der Kluft zwischen einem gesicherten Leben innerhalb einer Familie und dem erbarmungslosen Ausgesetztsein der Person innerhalb der Polis, und folglich auch den Mut nicht als eine der Kardinaltugenden des Politischen erkannte. Bemerkenswert bleibt immerhin, dass der einzige nachklassische politische Denker, dessen Hauptanliegen es war, das Politische in seine alte Würde wiedereinzusetzen, nämlich Machiavelli[21], bei diesem Bestreben auch sofort wieder die Kluft zwischen privat und öffentlich wahrgenommen hat, wie den Mut, der dazugehört, diese Kluft zu überqueren; er hat beides, beschrieben in dem Aufstieg »des Condottiere aus niederen Verhältnissen zu der Höhe prinzlicher Höfe«, das, heißt aus den Verhältnissen bloßer Privatpersonen, die alle Menschen gemein haben, zu dem strahlenden Ruhm großer Taten.

Den schützenden Bereich von Hof und Haus zu verlassen, ursprünglich wohl, um sich in irgendein Abenteuer oder ein ruhmversprechendes großes Unternehmen einzulassen, später um sein Leben innerhalb der öffentlichen Angelegenheiten zuzubringen, erforderte Mut, weil man nur innerhalb des Privaten der Sorge um das Leben und das Überleben obliegen konnte. Wer immer sich in den politischen Raum wagte, musste vorerst auch bereit sein, das eigene Leben zu wagen, und eine allzu große Liebe für das Leben konnte der Freiheit nur im Wege sein, sie galt als sicheres Anzeichen einer sklavischen Seele. So wurde der Mut zur politischen Kardinaltugend, und nur diejenigen, die ihn besaßen, konnten in eine Gemeinschaft aufgenommen werden, deren Zweck und Inhalt politisch waren, und die darum von vornherein das bloße Zusammensein, wie es die Notdurft des Lebens allen Menschen auferlegte – sie mochten nun Sklaven oder Barbaren oder Griechen sein – überstieg. Das »recht und gut Leben« (εὖ ζῆν), wie Aristoteles das Leben der Polis nannte, war daher nicht so sehr bes-

21 Niccolò Machiavelli (1469–1527), bedeutender Philosoph und Staatstheoretiker, berühmt für seine Schrift *Il Principe*, die eine Einführung in das kluge Verhalten in der Politik gibt und oft vorschnell als unmoralisch verurteilt wurde.

ser, sorgloser oder edler, als das gewöhnliche Leben, als es von anderem Rang und anderer Qualität war. Es war gut nur in dem Maße, indem es ihm gelungen war, der Lebensnotwendigkeiten Herr zu werden, sich von Arbeit und Werk zu befreien und den allen lebendigen Geschöpfen eingeborenen Lebenstrieb in gewissem Sinne zu überwinden, so dass es der Knechtschaft durch den biologischen Lebensprozess bis zu einem hohen Grad entronnen war.

Das griechische Denken hat diese seinem politischen Bewusstsein zugrunde liegenden Unterscheidungen mit unvergleichlicher Klarheit und Präzision zum Ausdruck gebracht. Keiner nur dem Zweck des Lebensunterhaltes und der Erhaltung des Lebensprozesses dienenden Tätigkeit war es gestattet, in dem politischen Raum zu erscheinen, und dies auf die offenbare Gefahr hin, Handel und Gewerbe dem Fleiß und Unternehmungsgeist von Sklaven und Ausländern zu überlassen, so dass Athen in der Tat zu jener »Pensionopolis«, bevölkert von einem »Konsumentenproletariat«, wurde, die Max Weber[22] so eindringlich beschreibt. Der wahre Charakter dieser Polis tritt uns selbst in den politischen Philosophien von Plato und Aristoteles noch deutlich entgegen, obwohl die Scheidelinie zwischen Haushalt und Polis hier bereits sich zu verwischen beginnt, was darin zum Ausdruck kommt, dass besonders Plato (vermutlich im Gefolge von Sokrates) seine Vergleiche und Beispiele für die Polis gerne aus dem Privatleben und dem Alltag entlehnt, während Aristoteles, der in dieser Hinsicht

22 Max Weber (1864–1920), Nationalökonom, Soziologe. Seine Werke *Wirtschaft und Gesellschaft, Die protestantische Ethik und der ›Geist‹ des Kapitalismus* zählen zu den Klassikern der Soziologie.

vorsichtiger ist, dann doch mit Plato annimmt, dass wenigstens der historische Ursprung der Polis etwas mit den menschlichen Lebensnotwendigkeiten zu tun haben müsse und dass nur ihr Gehalt oder das ihr inhärente[23] Ziel (τέλος) das bloße Leben in ein »gut Leben« transzendiere.

Aber gerade dieser Teil der Lehren der sokratischen Schule – der sehr bald so selbstverständlich wurde, dass er uns nur noch als Banalität begegnet – war damals ganz neu und revolutionär, und er entsprang nicht wirklichen Erfahrungen im politischen Leben der Zeit, sondern dem Wunsch, von der Bürde des öffentlichen Lebens befreit zu werden, ein Wunsch, den die Philosophen auch vor sich selbst nur dadurch rechtfertigen konnten, dass sie aufzeigten, dass selbst diese freieste aller bekannten Lebensformen in Wahrheit immer noch mit Notwendigem verbunden war und der Notwendigkeit unterstellt. Aber der Erfahrungshintergrund der Polis blieb doch, jedenfalls bei Plato und Aristoteles, noch zu stark, um sie jemals im Ernst an dem Unterschied zwischen einem Leben im Haushalt und dem Leben in der Polis zweifeln zu lassen. Ohne der Lebensnotwendigkeiten im Haushalt Herr geworden zu sein, ist weder Leben noch »gut Leben« möglich, aber Politik existiert niemals einfach um des Lebens willen. Was die Bewohner der Polis betrifft, so existiert für sie das Leben innerhalb des Haushaltsbereichs lediglich um des »gut Lebens« in der Polis willen.

23 innewohnende

Das Entstehen der Gesellschaft

Der Raum des Gesellschaftlichen entstand, als das Innere des Haushalts mit den ihm zugehörigen Tätigkeiten, Sorgen und Organisationsformen aus dem Dunkel des Hauses in das volle Licht des öffentlich politischen Bereichs trat. Damit war nicht nur die alte Scheidelinie zwischen privaten und öffentlichen Angelegenheiten verwischt, sondern der Sinn dieser Begriffe wie die Bedeutung, die eine jede der beiden Sphären für das Leben des Einzelnen als Privatmensch und als Bürger eines Gemeinwesens hatte, veränderten sich bis zur Unkenntlichkeit. Weder könnten wir im Sinne der Griechen sagen, dass ein nur innerhalb unseres eigensten (ἴδιον) Bereichs verbrachtes Leben »idiotisch« sei, weil es an der gemeinsamen Welt keinen Anteil hat, noch verstehen wir unter dem Privaten jene zwar notwendige, aber doch immer nur zeitweilige Zuflucht vor den Angelegenheiten einer res publica[24], welche die Römer ferne der Stadt, deren Bürger sie waren, auf ihrem Privatbesitz suchten und fanden. Für uns umschreibt das Private eine Sphäre der Intimität, wie sie uns aus dem griechischen Altertum schlechterdings unbekannt ist, wie wir sie in Ansätzen bis in die spätrömische Zeit zurückverfolgen können, die aber jedenfalls in ihrer Vielfalt und Mannigfaltigkeit keiner Epoche vor der Neuzeit bekannt war.

Dies ist sehr viel mehr als eine bloße Akzentverlagerung. Für die Antike war entscheidend, dass alles Private ein nur Privates ist, dass man in ihm, wie schon das Wort anzeigt, in einem Zustand der Beraubung lebte, und zwar beraubt

24 Lat.: ›öffentliche Sache‹.

der höchsten Möglichkeiten und der menschlichsten Fähigkeiten. Wer nichts kannte als die private Seite des Lebens, wer wie der Sklave keinen Zutritt zum Öffentlichen hatte oder wie die Barbaren ein allen gemeinsames Öffentliches gar nicht erst etabliert hatte, war nicht eigentlich ein Mensch. Wenn wir dem Wort »privat« nicht mehr anhören, dass es ursprünglich einen Zustand der Beraubung kennzeichnet, so auch darum, weil der neuzeitliche Individualismus eine so enorme Bereicherung der Privatsphäre mit sich gebracht hat. Wesentlicher für unser Verständnis des Privaten aber ist, dass es sich nicht nur wie im Altertum von dem Öffentlichen, sondern vor allem auch von dem Gesellschaftlichen abhebt, das die Antike nicht kannte und dessen Inhalt für sie in die Sphäre des Privaten fiel. Entscheidend für die Züge, die das Private in der Neuzeit angenommen hat, entscheidend vor allem für seine wichtigste Funktion: Intimität zu gewährleisten ist, dass es historisch im Gegensatz nicht zum Politischen, sondern zum Gesellschaftlichen entdeckt wurde, zu welchem es darum auch in einer engeren und wesentlicheren Beziehung steht.

Der erste bewusste Entdecker und gewissermaßen auch Theoretiker des Intimen war Jean-Jacques Rousseau[25], der bemerkenswerterweise immer noch der einzige unter den großen Autoren ist, der häufig nur bei seinem Vornamen zitiert wird. Die Rebellion, die ihn zu seiner Entdeckung führte, war nicht gegen die Unterdrückung durch den

25 Jean-Jacques Rousseau (1712–1778), französischer Philosoph, Gesellschafstheoretiker und Wegbereiter der Französischen Revolution. Sein politisches Hauptwerk *Du Contrat Social ou Principes du Droit Politique* (*Vom Gesellschaftsvertrag oder Prinzipien des Staatsrechtes*) zählt zu den Schlüsselwerken der Aufklärung.

Staatsapparat gerichtet, sondern vorerst gegen die ihm unerträgliche Perversion des menschlichen Herzens in der Gesellschaft, gegen das Eindringen der Gesellschaft und ihrer Maßstäbe in eine innerste Region, die bis dahin offenbar keines besonderen Schutzes bedurft hatte. So wie die Intimität des Herzens, im Unterschied zu Haus und Hof, in der Welt keine Stätte hat, so kann auch das Gesellschaftliche, gegen das es rebelliert und sich Geltung zu verschaffen sucht, nicht mit der gleichen Sicherheit lokalisiert werden wie das Öffentliche; verglichen mit dem öffentlich politischen Raum haftet der gesellschaftlichen Sphäre immer etwas Ungreifbares an. Darum ist es nur natürlich, wenn Rousseau das Intime wie das Gesellschaftliche als etwas Subjektives erscheinen, er sie gleichsam für Formen menschlicher Existenz hält, wobei es denn in seinem Fall fast so aussieht, als rebelliere – nicht Rousseau gegen die Gesellschaft, sondern – Jean-Jacques gegen einen Mann, den die Gesellschaft Rousseau nennt. Aus dieser Rebellion des Herzens gegen die eigene gesellschaftliche Existenz wurde das moderne Individuum geboren mit seinen dauernd wechselnden Stimmungen und Launen, in der radikalen Subjektivität seines Gefühlslebens, verstrickt in endlose innere Konfliktsituationen, die alle aus der doppelten Unfähigkeit stammen, sich in der Gesellschaft zu Hause zu fühlen und außerhalb der Gesellschaft zu leben. Wie immer man sich zu der Person Rousseaus, über die wir leider so ausgezeichnet unterrichtet sind, stellen mag, die Echtheit seiner Entdeckung ist von so vielen, die nach ihm kamen, bestätigt worden, dass sie außer Zweifel steht. Die große Blüte der Poesie und Musik von der Mitte des achtzehnten bis fast zum letzten Drittel des neunzehnten Jahrhunderts, die erstaunliche Entwicklung des Romans zu einer eigenständigen Kunstform, deren eigentlichen Gehalt das Gesellschaftliche bildet, der gleichzeitige, offenbare Niedergang der öffentlichen Kunstform, namentlich der Architektur – all dies bezeugt, wie eng verwandt das Intime und das Gesellschaftliche einander sind.

Die Rebellion gegen die Gesellschaft, in der Rousseau und die Romantik nach ihm das Intime entdeckten, richtete sich vor allem gegen ihre nivellierenden Züge, gegen das, was wir heute Konformismus nennen und was in Wahrheit ein Merkmal aller Gesellschaft ist. Hierfür spricht schon, dass diese Rebellion so früh einsetzte, nämlich bevor das Prinzip der Gleichheit, das wir seit Tocqueville[26] für den Konformismus verantwortlich zu machen geneigt sind, Zeit gehabt hatte, sich in dem sozialen Körper und den politischen Institutionen wirklich zur Geltung zu bringen. Es ist in diesem Zusammenhang nicht relevant, ob die Nation aus Gleichen oder Ungleichen besteht, denn die Gesellschaft verlangt von denen, die ihr überhaupt zugehören, immer, dass sie sich wie Glieder einer großen Familie verhalten, in der es nur eine Ansicht und nur ein Interesse geben kann. Vor dem neuzeitlichen Zerfall der Familie war dies einheitliche Interesse wie die zu ihm gehörige Meinung über die Welt von dem Familienoberhaupt repräsentiert, dessen Herrschaft Meinungsverschiedenheiten und Interessenkonflikte im Schoße der Familie verhinderte. Das auffallende Zusammenfallen des Aufstieges des

26 Alexandre de Tocqueville (1805–1859), vergleichender Politikwissenschaftler, berühmt geworden durch seine Schrift *De la démocratie en Amérique* (*Über die Demokratie in Amerika*, 1835/40).

Gesellschaftlichen mit dem Verfall der Familie weist deutlich darauf hin, dass die Gesellschaft ihre Entstehung unter anderem dem verdankt, dass die Familie von den Gruppen absorbiert wurde, die ihr jeweils sozial entsprachen, d.h. mit denen sie sich ungefähr auf dem gleichen Lebensniveau befand. Die Gleichheit zwischen den Mitgliedern der Gesellschaft hat infolgedessen nichts mit der Gleichheit der Ebenbürtigkeit, dem Sich-unter-seines-gleichen-Befinden, zu tun, das wir aus dem klassischen Altertum als Bedingung des Politischen kennen; sie erinnert eher an die Gleichheit aller Glieder einer Familie unter der despotischen Macht des Familienoberhaupts; nur dass es einer solchen Herrschaft, ausgeübt durch einen Einzelnen, der das gemeinsame Interesse und die einstimmige Meinung präsentierte, innerhalb der Gesellschaft nicht bedurfte, da hier ja die natürlich gewachsene Kraft von Familieninteressen durch die schiere Addierung vieler Familien in eine Gruppe ungeheuer verstärkt wurde. Man bedurfte hier in der Tat der Herrschaft durch einen nicht mehr, weil die Stoßkraft des Interesses selbst an ihre Stelle getreten war. Konformismus, wie wir ihn kennen, wo völlige Einstimmigkeit in voller Freiwilligkeit erreicht wird, ist nur das letzte Stadium dieser Entwicklung.

Zwar hat das monarchische Prinzip der Ein-Herrschaft, das die Antike für die typische Organisationsform des Haushalts hielt, sich innerhalb der modernen Gesellschaft – die nicht mehr, wie in den Anfangsstadien ihrer Entwicklung, von dem höfischen Haushalt des absoluten Königtums repräsentiert wird – insofern gewandelt, als in der Gesellschaft gerade niemand herrscht oder regiert. Aber dieser Niemand, nämlich die hypothetische Einheitlichkeit des ökonomischen Gesellschaftsinteresses wie die hypothetische Einstimmigkeit der gängigen Meinungen in den Salons der guten Gesellschaft, regiert nicht deshalb weniger despotisch, weil er an keine Person gebunden ist. Wir kennen das Phänomen der Herrschaft dieses Niemand nur zu gut von der »sozialsten« aller Staatsformen, nämlich der Bürokratie, die nicht zufällig im letzten Stadium der nationalstaatlichen Entwicklung zur Herrschaft kommt, nämlich einer Entwicklung, deren Anfang durch die absolute Monarchie des aufgeklärten Despotismus gekennzeichnet war. Die Herrschaft des Niemands ist so wenig Nicht-Herrschaft, dass sie sich unter gewissen Umständen sogar als eine der grausamsten und tyrannischsten Herrschaftsformen entpuppen kann.

Entscheidend für diese Phänomene ist schließlich nur, dass die Gesellschaft in allen ihren Entwicklungsstadien das Handeln genauso ausschließt wie früher der Bezirk des Haushaltes und der Familie. An seine Stelle ist das Sich-Verhalten getreten, das in jeweils verschiedenen Formen die Gesellschaft von allen ihren Gliedern erwartet und für welches sie zahllose Regeln vorschreibt, die alle darauf hinauslaufen, die Einzelnen gesellschaftlich zu normieren, sie gesellschaftsfähig zu machen, und spontanes Handeln wie hervorragende Leistungen zu verhindern. Bei Rousseau handelt es sich noch um die Salons der guten Gesellschaft, deren Konvention den Einzelnen mit der Stellung, die er in der Rangordnung der Gesellschaft einnimmt, identifiziert. Für diese Identifizierung von Person und gesellschaftlicher Stellung ist es verhältnismäßig gleichgültig, ob sie sich im Rahmen einer noch halbfeudalen Ordnung vollzieht, wo gesellschaftliche Stellung und Rang zusammenfallen, oder in der Klassengesellschaft des neunzehnten Jahrhunderts, in der Titel entscheidend waren, oder schließlich in der heutigen Massengesellschaft, der es nur noch um Funktionen innerhalb des Gesellschaftsprozesses zu tun ist. Was sich in der Massengesellschaft geändert hat, ist lediglich, dass jetzt die einzelnen sozialen Gruppen, die aus dem Zerfall der Familie entstanden waren, das Schicksal der ursprünglichsten gesellschaftlichen Gruppe, der Familie, teilen; denn so wie die Gesellschaft die Familie einst absorbiert hat, so hat in unserem Jahrhundert die Massengesellschaft schließlich die sozialen Klassen und Gruppierungen aufgesogen und nivelliert. In der Massengesellschaft hat das Gesellschaftliche nach einer jahrhundertelangen Entwicklung schließlich den Punkt erreicht, wo es jeweils alle Glieder einer Gemeinschaft gleichermaßen erfasst und mit gleicher Macht kontrolliert. Die Massengesellschaft zeigt den Sieg der Gesellschaft überhaupt an; sie ist das Stadium, in dem es außerhalb der Gesellschaft stehende Gruppen schlechterdings nicht mehr gibt. Das Gleichmachen ist aber der Gesellschaft unter allen Umständen eigentümlich, und der Sieg der Gleichheit in der modernen Welt ist nur die politische und juristische Anerkennung der Tatsache, dass die Gesellschaft den Bereich des Öffentlichen erobert hat, wobei automatisch Auszeichnung und Besonderheit zu Privatangelegenheiten von Einzelindividuen werden.

Diese moderne Egalität, die auf dem der Gesellschaft inhärenten Konformismus ruht und möglich nur ist, weil das Sich-Verhalten an die Stelle des Handelns in der Rangordnung menschlicher Bezüge getreten ist, unterscheidet sich in jeglicher Weise von der Gleichheit, wie wir sie aus der Antike und vor allem durch die griechischen Stadt-Staaten kennen. Zu der immer kleinen Zahl der »Gleichen« (ὅμοιοι) zu gehören bedeutete dort, dass man unter Ebenbürtigen sein Leben zubringen durfte, was an und für sich bereits einem Privileg gleichkam; aber die Polis, also der öffentliche Raum selbst, war der Ort des heftigsten und unerbittlichsten Wettstreits, in dem ein jeder sich dauernd vor allen anderen auszeichnen musste, durch Hervorragendes in Tat, Wort und Leistung zu beweisen hatte, dass er als ein »Bester« lebte (αἰὲν ἀριστεύειν). Mit anderen Worten, der öffentliche Raum war gerade dem Nicht-Durchschnittlichen vorbehalten, in ihm sollte ein jeder zeigen können, wodurch er sich vor allen anderen auszeichnete. Um dieser Möglichkeit willen, das Außerordentliche zu leisten und geleistet zu sehen, waren die Bürger der Polis dann auch mehr oder weniger bereit, ihren Teil an der Rechtsprechung, der Verteidigung, der Verwaltung der Stadt auf sich zu nehmen – die Last und Bürde nicht der öffentlichen Angelegenheiten, sondern der öffentlichen Geschäfte.

Auf dem gleichen Konformismus, den die Gesellschaft verlangt und durch den sie handelnde Menschen in sich verhaltende Gruppen organisiert, beruht auch die Wissenschaft, die dem Entstehen der Gesellschaft auf dem Fuße folgte, nämlich die Nationalökonomie, deren wichtigstes wissenschaftliches Rüstzeug die Statistik ist, welche die Berechenbarkeit menschlicher Angelegenheiten bereits als selbstverständlich voraussetzt. Natürlich hat es ökonomische Theorien auch vor dem Beginn der Neuzeit gegeben, aber sie gehörten in die Gebiete der Ethik und Politik, wo sie keine große Rolle spielten, und sie unterstellten, dass Menschen in der Wirtschaft eben auch immer noch handelnde Wesen sind. Einen Anspruch auf Wissenschaftlichkeit konnten solche Wirtschaftstheorien überhaupt erst erheben, als die Gesellschaft ein einheitliches Sich-Verhalten durchgesetzt hatte, dessen Formen man nun erforschen und einheitlich systematisieren konnte, weil alle Unstimmigkeiten als Abweichungen von einer in der Gesellschaft geltenden Norm und daher als asozial oder anomal verbucht werden konnten.

Die Gesetze der Statistik sind überall da gültig, wo sehr große Zahlen oder sehr lange Zeitabschnitte ins Spiel kommen; vom statistischen Standpunkt aus gesehen sind Taten oder Ereignisse in ihrer Vereinzelung bloße Abweichungen oder Schwankungen. Aber dieser statistische Standpunkt hat seine Berechtigung, weil Taten oder Ereignisse ihrem Wesen nach selten sind und stets ein Alltägliches unterbrechen, das in der Tat berechenbar ist. Nur vergisst man dabei, dass auch diese Alltäglichkeit den ihr eigenen Sinn nicht aus dem Alltag selbst bezieht, sondern aus dem Ereignis oder der Tat, die diesen Alltag und seine Alltäglichkeit allererst konstituiert haben; so wie auch Geschichtsabläufe ihre wirkliche Bedeutung an den verhältnismäßig seltenen Ereignissen ausweisen, die den Ablauf selbst unterbrechen, wendet man also die Gesetze, deren Gültigkeit sich überhaupt nur an großen Zahlen und langen Zeitabschnitten erweisen kann, unbesehen auf die Gegenstände der Politik und der Geschichte an, so hat man diese Gegenstände bereits unter der Hand eliminiert, sie nämlich als Abweichungen in dasjenige Medium eingeebnet, in dem sie zwar erscheinen, das sie aber gerade nicht sind. Es ist offenbar ein ebenso sinnloses wie hoffnungsloses Unternehmen, nach Bedeutung in der Politik oder nach Sinn in der Geschichte zu fahnden, nachdem man gerade dasjenige, was nicht nur

Sinn und Bedeutung hat, sondern auch dem an sich Sinn- und Bedeutungslosen – dem alltäglichen Verhalten und den automatischen historischen Prozessen – einen Sinn zu verleihen vermag, als gegenstandslos ausgeschaltet hat.

Aus der unbestreitbaren Gültigkeit statistischer Gesetze im Bereich großer Zahlen folgt leider für die Welt, in der wir leben, nur, dass jede Zunahme der Bevölkerung diesen Gesetzen eine erhöhte Geltung verleiht, der gegenüber die »Abweichungen« immer gegenstandsloser werden. Politisch gesprochen heißt das: Je größer die Bevölkerung der jeweiligen politisch konstituierten Gemeinschaften anwächst, desto wahrscheinlicher ist es, dass das gesellschaftliche und nicht das politische Element den Vorrang innerhalb des öffentlichen Bereiches erhält. Die Griechen, deren Stadt-Staat bis heute den »individualistischen« und unkonformistischsten politischen Körper darstellt, den wir aus der Geschichte kennen, wussten zwar nichts von Statistik, waren sich aber der Tatsache wohl bewusst, dass die Polis, die dem Handeln und Reden den Vorrang vor allen anderen Tätigkeiten gegeben hatte, nur bestehen konnte, wenn die Zahl der Bürger in Grenzen gehalten wurde. Große Anhäufungen von Menschen entwickeln eine nahezu automatische Tendenz zu despotischen Herrschaftsformen, sei es nun die despotische Herrschaft eines Mannes oder der Despotismus von Majoritäten. Statistik, das heißt die mathematische Manipulation der Wirklichkeit, war vor dem Anbruch der Neuzeit unbekannt, aber die gesellschaftlichen Phänomene, welche eine solche Manipulation innerhalb des Bereichs menschlicher Angelegenheiten möglich machen – nämlich große Zahlen, die in die menschlichen Angelegenheiten den Konformismus, den Behaviorismus und den Automatismus unweigerlich einschleppen –, kannten die Griechen in ihren Ansätzen sehr gut; sie waren ihrer Meinung genau die Dinge, durch die sich die persische Zivilisation von der griechischen unterschied.

Was immer man daher gegen den Behaviorismus und seine Lehren vorbringen mag, man wird schwerlich seine Relevanz für die Wirklichkeit, in der wir leben, leugnen können. Je mehr Menschen es gibt, desto richtiger werden seine »Gesetze« des Sich-Verhaltens, des »Behaviors«, d. h. desto wahrscheinlicher wird es, dass Menschen sich wirklich nur noch verhalten und desto unwahrscheinlicher, dass sie solche, die sich anders benehmen, auch nur tolerieren. Statistisch mag sich das in der Nivellierung der Abweichungen und Schwankungen ausweisen, in der Wirklichkeit aber wird es sich daran erweisen, dass das Handeln immer weniger Aussicht hat, die steigende Flut des Sich-Verhaltens einzudämmen, und dass Ereignisse an Bedeutung verlieren, so dass es ihnen nicht mehr gelingt, die bloß historischen Abläufe zu unterbrechen und zu erhellen. Denn die statistische Einebnung geschichtlicher Prozesse hat längst aufgehört, ein harmloses wissenschaftliches Ideal zu sein; es ist vielmehr seit geraumer Zeit bereits das offenbare politische Ideal einer Gesellschaft, die nichts kennen will als das »Glück« des Alltäglichen und daher in den Gesellschaftswissenschaften mit Recht die »Wahrheiten« sucht und findet, die ihrer eigenen Existenz entsprechen.

Für das uniformierte Sich-Verhalten, das statistisch errechnet und deshalb wissenschaftlich definiert werden kann, ist die liberalistische Annahme einer automatischen Harmonie der Interessen im Sinne der klassischen Nationalökonomie schwerlich eine zureichende Erklärung. Es war nicht erst Marx, sondern die liberalen Wirtschaftstheoretiker selbst, die zu der »kommunistischen Fiktion« greifen mussten und von einem Interesse der Gesellschaft als solcher sprachen, das mit »unsichtbarer Hand« (Adam Smith) das gesellschaftliche Verhalten aller Menschen leitet und so die Harmonie der widerstreitenden Interessen immer wieder herstellt. Der Unterschied zwischen Marx und seinen Vorläufern war nur, dass er das Faktum widerstreitender Interessen ebenso ernst nahm wie die wissenschaftliche Hypothese einer diesem Widerstreit heimlich zugrunde liegenden Harmonie, und er war nur konsequenter, wenn er hieraus den Schluss zog, dass eine »Vergesellschaftung des Menschen« automatisch zu einer Harmonisierung der Interessen führen würde; wie sich denn auch sein Vorschlag, die allen ökonomischen Theorien zugrunde liegende »kommunistische Fiktion« in der Wirklichkeit zu etablieren, von den Lehren seiner Vorgänger vor allem durch größeren Mut auszeichnete. Was Marx nicht verstand – und in seiner Zeit schwerlich verstehen konnte –, war, dass die Keime einer kommunistischen Gesellschaft bereits in der Realität eines Nationalhaushalts vorgebildet waren, und dass ihre volle Entfaltung nicht so sehr durch irgendein Klasseninteresse sabotiert wurde wie durch die damals schon veraltete monarchische Struktur des Nationalstaats. Dem »reibungslosen« Funktionieren der Gesellschaft standen noch eine Reihe von Traditionen im Wege, nämlich das Verhalten »rückständiger« Klassen. Vom Standpunkt der Gesellschaft aus handelte es sich dabei lediglich um störende Faktoren, welche die Entwicklung der »gesellschaftlichen Kräfte« hintan hielten; sie waren gewissermaßen viel fiktiver und wirklichkeitsfremder als die wissenschaftliche hypothetische »Fiktion« eines Kollektivinteresses der Gesellschaft im Ganzen.

Wo immer die Gesellschaft sich voll entfaltet und den Sieg über alle anderen, nicht-gesellschaftlichen Elemente davonträgt, zeitigt sie notwendigerweise, wenn auch in verschiedenen Formen, eine solche »kommunistische Fiktion«, deren Merkmal ist, dass in ihr in der Tat mit »unsichtbarer Hand« regiert wird, dass ihr Herrscher ein Niemand ist. Dann tritt das bloße Verwalten in der Tat an die Stelle von Staat und Regierung, was Marx ganz richtig als ein »Absterben des Staates« vorausgesagt hat, wiewohl er sich irrte, wenn er meinte, dass nur eine Revolution dieser Entwicklung zum Siege verhelfen könnte, und sich verhängnisvoller irrte, wenn er glaubte, dass ein vollständiger Sieg der Gesellschaft schließlich in das »Reich der Freiheit« führen würde.

Um das Ausmaß des Sieges der Gesellschaft in der Neuzeit zu ermessen – der damit begann, dass das Handeln durch ein Sich-Verhalten, und damit endete, dass die Herrschaft von Personen durch Bürokratie, die Herrschaft des Niemand, ersetzt wurden –, mag es gut sein, sich zu vergegenwärtigen, dass das Sich-Verhalten und seine »Gesetze« vorerst nur die Wirtschaftswissenschaften bestimmten, also nur einen begrenzten Bereich menschlicher Tätigkeiten; dass aber dann in einem verhältnismäßig kurzen Zeitraum die Gesellschaftswissenschaften der Nationalökonomie auf dem Fuße folgten, die nun ihrerseits als Wissenschaften des Behaviorismus bewusst darauf abzielen, den Menschen in allen seinen Tätigkeiten auf das Niveau eines allseitig bedingten und sich-verhaltenden Lebewesens zu reduzieren und ihn als solchen zu verstehen. Ist die Volkswirtschaft die Wissenschaft der Gesellschaft in ihrem Anfangsstadium, wenn ihre Verhaltungsregeln nur von begrenzten Schichten der Bevölkerung und nur für bestimmte Tätigkeiten anerkannt sind, so zeigt das Aufkommen der »behavioristischen Wissenschaften« das Endstadium dieser Entwicklung an, in welchem die Massengesellschaft sich aller Bevölkerungsgruppen der Nation bemächtigt hat und soziales Verhalten der Maßstab für das gesamte Leben des Einzelnen geworden ist.

Seit der Geburt der Gesellschaft, d.h. seitdem der private Haushalt und das in ihm erforderliche Wirtschaften eine Sache der Öffentlichkeit geworden ist, hat dieser neue Bereich sich von den älteren Bezirken des Privaten und Öffentlichen durch eine unwiderstehliche Tendenz zur Expansion ausgezeichnet, durch ein ständiges Wachstum, das von Anfang an die älteren Bereiche, das Politische wie das Private wie schließlich den neueren Bereich des Intimen, zu überwuchern drohte. Durch drei Jahrhunderte hindurch können wir diesen Wachstumsprozess in ständig wachsender Beschleunigung beobachten, und der Grund für das ja sehr merkwürdige Phänomen des Anwachsens selbst liegt darin, dass durch die Gesellschaft der Lebensprozess selbst in den verschiedensten Formen in den Raum des Öffentlichen hineingeleitet worden ist. Der private Haushaltsbereich war die Sphäre gewesen, in der den Lebensnotwendigkeiten, dem individuellen Überleben wie dem Fortbestehen der Gattung, Rechnung getragen wurde, der das Leben garantierte. Vor der Entdeckung der Intimität hatte es zu den Kennzeichen des Privaten gehört, dass der Mensch in diesem Bereich nicht eigentlich als Mensch existierte, sondern als ein Exemplar der Gattung, und dies war der eigentliche Grund für die ungeheuere Verachtung der Antike für Menschen, die sich nur im Privaten bewegten. Nun hat zwar das Aufkommen der Gesellschaft die Bewertung dieser ganzen Sphäre menschlicher Existenz entscheidend geändert, aber das besagt noch nicht, dass durch diese Bewertung sich etwas an ihrem Wesen geändert hat. Der monolithische Charakter der Gesellschaft in allen ihren Spielarten, deren natürlicher Konformismus immer nur ein Interesse und eine Meinung kennt, wurzelt letztlich in der Einheit des Menschengeschlechts. Da diese Einheit des Menschengeschlechts keine Einbildung ist und erheblich mehr als eine nur wissenschaftliche Hypothese, die »kommunistische Fiktion« der klassischen Nationalökonomie, kann die Massengesellschaft, welche den Menschen als gesellschaftliches Lebewesen voll emanzipiert und so augenscheinlich das Überleben des Menschengeschlechts im weltweiten Maßstab zu garantieren begonnen hat, doch gleichzeitig die Menschheit, das eigentliche Menschsein der Menschen, zu vernichten drohen; es ist, als könnte gerade das Menschengeschlecht die Menschheit zum Absterben bringen.

Dass die Gesellschaft in Wahrheit die Form ist, in welcher der Lebensprozess selbst sich öffentlich etabliert und organisiert hat, zeigt vielleicht am deutlichsten die Tatsache, dass in verhältnismäßig kurzer Zeit alle modernen Gemeinwesen, in denen das Soziale auf diese oder jene Weise zur Herrschaft gelangt ist, sich in Gesellschaften von Arbeitern oder jobholders verwandelt haben, was ja nur heißt, dass ihr Organisationsprinzip sich aus der einzigen Tätigkeit herleitet, die dem Leben unmittelbar dient und von dem Lebensprozess unmittelbar diktiert ist. (Auch in einer Arbeitsgesellschaft ist natürlich nicht notwendigerweise ein jeder ein Arbeiter oder Werktätiger; nicht einmal die Emanzipation der Arbeiterklasse und das ungeheure Machtpotential, dass das allgemeine Wahlrecht automatisch der Majorität zubilligt, sind hier entscheidend, sondern nur dass alle Glieder der Gesellschaft, womit immer sie beschäftigt sind, ihre Tätigkeit vornehmlich als Lebensunterhalt für sich selbst und ihre Familien ansehen.) Die Gesellschaft ist die Form des Zusammenlebens, in der die Abhängigkeit des Menschen von seinesgleichen um des Lebens selbst willen und nichts sonst zu öffentlicher Bedeutung gelangt, und wo infolgedessen die Tätigkeiten, die lediglich der Erhaltung des Lebens dienen, in der Öffentlichkeit nicht nur erscheinen, sondern die Physiognomie des öffentlichen Raumes bestimmen dürfen.

Ob eine Tätigkeit privat oder öffentlich ausgeübt wird, ist keineswegs gleichgültig. Offenbar ändert sich der Charakter des öffentlichen Raumes, je nachdem welche Tätigkeiten ihn ausfüllen, aber auch die Tätigkeit selbst ändert ihr Wesen, je nachdem ob sie privat oder öffentlich geübt wird, und zwar in einem sehr hohen Grad. So konnte die Tätigkeit des Arbeitens, die unter allen Bedingungen dem Lebensprozess verhaftet bleibt, durch Jahrtausende hindurch stationär bleiben, eingefangen in dem Kreis immerwährender Wiederkehr, in dem sich der Lebensprozess selbst bewegt, an den sie gebunden ist. Dass nun das Arbeiten in den Bereich des Öffentlichen zugelassen wurde, hat seinen Prozess-Charakter keineswegs verändert – was immerhin bemerkenswert ist, wenn man sich darauf besinnt, dass politische Körper gemeinhin für die Dauer geplant und ihre Gesetze als Grenzen verstanden wurden, die den

Bewegungen der Menschen gesetzt waren –, es hat vielmehr diesen Prozess aus seiner monoton kreisenden Wiederkehr befreit und in eine rapide fortschreitende Entwicklung getrieben, deren Ergebnisse die gesamte bewohnte Welt in wenigen Jahrhunderten total verwandelt haben.

Kaum war das Arbeiten von den ihm gesetzten Grenzen im Bereich des Privaten befreit – und diese Befreiung der Arbeit war nicht eine Konsequenz der Emanzipation der Arbeiterklasse, sondern ging ihr im Gegenteil voran und war ihre Voraussetzung –, als es war, als könnten die dem Leben innewohnenden Wachstumselemente plötzlich der ihm gleichermaßen inhärenten Verfallprozesse Herr werden, sie gleichsam überwuchern, als sei organisches Leben in seiner menschlichen Gestalt nicht mehr gebunden an das sich im Kreisen haltende Gleichgewicht im Haushalt der Natur selbst. Der gesellschaftliche Raum, in dem der Lebensprozess seinen eigenen öffentlichen Bezirk etabliert, hat gewissermaßen ein unnatürliches Wachstum des Natürlichen selbst entfesselt; und sich nicht nur gegen die Gesellschaft, sondern dies ständige Anwachsen des sozialen Raumes selbst zur Wehr zu setzen, haben das Private und Intime einerseits, das Politische (im engeren Sinne des Wortes) andererseits sich als unfähig erwiesen.

Was wir hier als das unnatürliche Anwachsen des Natürlichen kennzeichneten, wird gemeinhin als die ständig beschleunigte Steigerung der Arbeitsproduktivität beschrieben. Diese Steigerung aber begann nicht mit der Erfindung von Maschinen, sondern mit der Organisation der Arbeit, mit der Arbeitsteilung nämlich, die bekanntlich der industriellen Revolution voranging; auch die Mechanisierung des Arbeitsprozesses, die auf die Arbeitsteilung folgte und die

Arbeitsproduktivität weiter steigerte, beruht letztlich noch auf dem Prinzip der Organisation. Dies Prinzip aber ist offensichtlich nicht im Privaten, sondern im Öffentlichen beheimatet; Arbeitsteilung und die ihr folgende Steigerung der Arbeitsproduktivität ist eine Entwicklung, die die Arbeit nur unter den Bedingungen des Öffentlichen nehmen konnte und zu der sie es niemals im privaten Haushaltsbereich gebracht haben würde. Augenscheinlich ist, dass wir es auf keinem anderen Gebiet in der Neuzeit so weit gebracht haben wie in der revolutionären Umwandlung der Arbeit, nämlich bis zu dem Punkt, wo die Bedeutung des Wortes selbst – das seit eh und je »Mühe und Plage«, Anstrengung und Schmerz, ja eine Verunstaltung des Körpers einschloss und zu der ein Mensch sich nur unter dem Druck der Armut und des Elends bereitfinden konnte – für uns seinen Sinn verloren hat. Da das bittere Muss, sich am Leben zu erhalten, zur Arbeit trieb, war Vortrefflichkeit das letzte, was man von ihr erwarten durfte.

Vortrefflichkeit, die griechische ἀρετή, die römische virtus, haben ihren Ort immer im Bereich des Öffentlichen gehabt, wo man andere übertreffen und sich vor ihnen auszeichnen konnte. Was immer man öffentlich tut, kann daher eine Vortrefflichkeit erreichen, die keiner Tätigkeit innerhalb des Privaten je zukommen kann; Vortrefflichkeit ist dadurch gekennzeichnet, dass andere zugegen sind, und diese Anwesenheit bedarf eines für diesen Zweck ausdrücklich konstituierten Raumes mitsamt einer räumlich etablierten Abstand schaffenden Formalität; die familiär vertraute Umgebung derer, die zu uns gehören, kann Vortrefflichkeit nicht nur niemals gültig bestätigen, sie würde durch das Sich-Auszeichnen selbst geradezu gesprengt werden.

Obwohl das Gesellschaftliche die Vortrefflichkeit weitgehend anonymisiert, nämlich sie einem Fortschritt des Menschengeschlechts und nicht mehr den Leistungen Einzelner zuschreibt, ist es doch selbst hier nicht gelungen, die Beziehung zwischen öffentlicher Leistung und Vortrefflichkeit ganz und gar zu zerstören. So ist zu erklären, dass das Arbeiten, das in der Neuzeit in der Öffentlichkeit vollbracht wird, auf eine so außerordentliche Weise vervollkommnet worden ist, während unsere Fähigkeiten zu handeln und zu sprechen, die in diesem Zeitraum in die Sphäre des Privaten und des Intimen gedrängt wurden, so offensichtlich an Qualität eingebüßt haben. Auf diese Entwicklung, nämlich die merkwürdige Diskrepanz zwischen dem, was wir in Arbeit und im Herstellen erreichen, und der Art und Weise, wie wir uns in dieser erarbeiteten und hergestellten Welt dann bewegen, ist oft hingewiesen worden; man spricht hier gemeinhin von einem angeblichen Nachhinken unserer allgemein menschlichen Entwicklung hinter den Errungenschaften der Naturwissenschaften und der Technik, und man hofft, die Gesellschaftswissenschaften werden schließlich eine Gesellschaftstechnik – ein social engineering – ausbilden, durch die man die Gesellschaft so handhaben und unter wissenschaftliche Kontrolle stellen wird wie die Technik der Naturwissenschaften die Natur. Ganz abgesehen von den Einwänden, die gegen diese »Hoffnung« oft genug geltend gemacht worden sind, um sie hier übergehen zu können, geht es dieser Kritik an den gegenwärtigen gesellschaftlichen Zuständen nur um eine mögliche Veränderung menschlicher Verhaltensweisen und der ihnen zugrunde liegenden »Psychologie«, nicht aber um eine Veränderung der Welt, in der wir Menschen leben und uns bewegen. Und gerade diese ausschließlich psychologische Interpretation menschlicher Existenz, auf der die Gesellschaftswissenschaften beruhen und für welche das Vorhanden- oder Nichtvorhandensein eines öffentlichen Raumes so irrelevant ist wie jede andere weltliche Realität, wird fragwürdig angesichts der Tatsache, dass keine hervorragende Leistung möglich ist, wenn die Welt selbst ihr nicht einen Platz einräumt. Keine psychologisch erfassbaren Eigenschaften, die man erziehen oder heranzüchten könnte, weder Begabungen noch Talente können das ersetzen, was das Öffentliche konstituiert und es zu dem weltlichen Raum macht, in dem Menschen sich auszeichnen und das Vortreffliche die ihm gebührende Stätte finden kann.

Freiheit und Politik

Ein Vortrag

I

Über das Verhältnis von Freiheit und Politik in einem Vortrag zu sprechen, ist nur möglich, weil auch ein Buch nicht ausreichend wäre, es angemessen zu behandeln. Denn Freiheit, die nur sehr selten – in Revolutions- und Krisenzeiten – zum direkten Zweck politischen Handelns wird, ist eigentlich der Sinn dessen, dass es so etwas wie Politik im Zusammenleben der Menschen überhaupt gibt. Dabei verstehe ich unter Freiheit nicht jene Mitgift der menschlichen Natur, welche die Philosophen so oder anders bestimmen, so oder anders innerhalb der menschlichen Fähigkeiten lokalisieren mögen. Noch weniger meine ich die sogenannte innere Freiheit, in die man vor einem äußeren Zwang ausweicht; sie ist historisch ein spätes und sachlich ein sekundäres Phänomen. Ihr liegt ein Rückzug aus der Welt zugrunde, bei dem man gewisse Erfahrungen und Ansprüche in das eigene Innere verschleppt, welche ursprünglich in dem Außen der Welt ihren Platz hatten und von denen wir nichts wüssten, hätten wir sie nicht erst einmal als weltlich-greifbare Wirklichkeit kennengelernt. Ursprünglich erfahre ich Freiheit und Unfreiheit im Verkehr mit anderen und nicht im Verkehr mit mir selbst. Frei *sein* können Menschen nur in Bezug aufeinander, also nur im Bereich des Politischen und des Handelns; nur dort erfahren sie, was Freiheit positiv ist und dass sie mehr ist als ein Nicht-gezwungen-Werden.

Man kann nicht über Politik sprechen, ohne immer auch über Freiheit zu sprechen, und man kann nicht von Freiheit sprechen, ohne immer schon über Politik zu sprechen. Wo das Zusammenleben der Menschen nicht politisch organisiert ist – also zum Beispiel in dem Zusammenleben primitiver Stämme oder in der Privatsphäre des Familienhaushaltes –, ist es nicht von Freiheit, sondern von der Notwendigkeit des Lebens und der Sorge um seine Erhaltung bestimmt; und wenn die von Menschen erstellte Welt nicht der Schauplatz politischen Handelns wird – wie in einem despotisch regierten Gemeinwesen, das die Untertanen in die Enge ihrer Häuser und Privatsorgen verbannt –, hat Freiheit keine weltliche Realität. Ohne einen politisch garantierten öffentlichen Bereich hat Freiheit in der Welt keinen Ort, an dem sie erscheinen könnte, und wenn sie auch immer und unter allen Umständen als Sehnsucht in den Herzen der Menschen wohnen mag, so ist sie doch weltlich nicht nachweisbar. Im Sinne einer nachweisbaren Realität fallen Politik und Freiheit zusammen, sie verhalten sich zueinander wie die beiden Seiten der nämlichen Sache.

Nun ist aber dies Zusammenfallen von Politik und Freiheit uns heute aus sehr guten Gründen keineswegs selbstverständlich. Seit unserer Bekanntschaft mit den totalen Herrschaftsformen sind wir gemeinhin der Meinung, dass nichts geeigneter ist, die Freiheit ganz und gar abzuschaffen, als eine totale Politisierung des Lebens. Von diesen jüngsten Erfahrungen her gesehen, die uns natürlich für Betrachtungen dieser Art immer gegenwärtig bleiben müssen, liegt es nahe, nicht nur an dem Zusammenfallen von Freiheit und Politik zu zweifeln, sondern sich zu fragen, ob diese beiden überhaupt miteinander vereinbar sind, ob nicht vielleicht Freiheit erst da anfängt, wo Politik aufhört, so dass es eben Freiheit dort nicht mehr gibt, wo das Politische nirgends ein Ende hat und nirgends auf eine Grenze stößt. Je weniger Politik, so scheint es, desto mehr Freiheit, oder je kleiner der Raum, den das Politische einnimmt, desto größer der Raum, der der Freiheit gelassen ist. So ist es uns heute ja ganz selbstverständlich, das Ausmaß an Freiheit in einem gegebenen Gemeinwesen an dem freien Spielraum zu messen, welcher angeblich nicht-politischen Tätigkeiten, also dem Wirtschaftsleben oder der akademischen Lehrtätigkeit oder der Religionsfreiheit oder dem Kultur- und Geistesleben, zugestanden wird. Wir meinen, das Politische sei nur insofern mit Freiheit überhaupt vereinbar, als es eine mögliche Freiheit von Politik gewährleistet.

In der Geschichte der politischen Theorie hat diese Bestimmung der politischen Freiheit als einer möglichen Freiheit von Politik, zu der wir durch unsere jüngsten Erfahrungen wieder gedrängt werden, eine große Rolle gespielt. Wir finden sie vor allem bei den politischen Denkern des 17. und 18. Jahrhunderts, die politische Freiheit kurzweg mit Sicherheit identifizierten. Der Sinn von Politik war es, Sicherheit zu gewährleisten, damit Freiheit als etwas Nicht-Politisches, als ein Inbegriff von Tätigkeiten, die außerhalb des politischen Bereiches vollzogen werden, möglich sei. Selbst Montesquieu[1], der doch von Politik eine ganz andere und wesentlich höhere Meinung hatte als

1 Montesquieu (1689–1755), französischer Philosoph und Staatstheoretiker der Aufklärung. Seine Staats- und Gesellschaftstheorie beschreibt er in *De L'esprit des Loix* (*Vom Geist der Gesetze*, 1748).

Hobbes[2] oder Spinoza[3], konnte doch gelegentlich bemerken, politische Freiheit sei dasselbe wie Sicherheit.[4] Der Abstand, der hier zwischen Freiheit und Politik aufgerissen wird, hat sich dann bei den Staatswissenschaften und der politischen Ökonomie des 19. und 20. Jahrhunderts noch vergrößert. Denn der Staat, der seit Beginn der Neuzeit mit dem Gesamtbereich des Politischen identifiziert wird, gilt seither als die Instanz, welche nicht die Freiheit, sondern den Lebensprozess und die Lebensinteressen der Gesellschaft und der Einzelnen zu schützen habe. Sicherheit bleibt auch hier das entscheidende Kriterion, aber das, was diese Sicherheit gewährleisten soll, ist nicht mehr so sehr die Freiheit als der ungestörte Lebensprozess. Dieser Lebensprozess hat mit Freiheit im eigentlichen Sinne nichts zu tun; er folgt einer ihm inhärenten Notwendigkeit. Freiheit wird hier zu einer Art Grenzphänomen, sie bildet nämlich die Grenze, die das Politische nicht überschreiten darf, es sei denn, das Leben selbst mit seinen unmittelbaren Interessen und Notwendigkeiten stehe auf dem Spiel.

Nicht nur wir also, die oft dann gegen Politik am misstrauischsten geworden sind, wenn uns die Freiheit am meisten am Herzen liegt, sondern die gesamte Neuzeit hat

2 Vgl. Anm. 16 zu »Der Mensch, ein gesellschaftliches oder ein politisches Wesen«.

3 Baruch de Spinoza (1632–1677), niederländischer Philosoph, der u. a. durch seine Bibel- und Religionskritik bekannt wurde. Seine Schrift *Tractatus theologico-politicus* (1670) kritisiert religiöse Intoleranz und plädiert für eine säkularisierte Gesellschaftsordnung.

4 Vgl. Montesquieu, *Vom Geist der Gesetze*, Stuttgart 2011, S. 255 (XII. Buch, 2. Kap.): »Die politische Freiheit besteht in der Sicherheit oder der Überzeugung, man habe seine Sicherheit.«

Freiheit und Politik voneinander getrennt. Dennoch glaube ich, dass Sie alle der Meinung waren, etwas längst Bekanntes und eigentlich Selbstverständliches zu hören, als ich sagte, der Sinn aller Politik sei Freiheit. Dies hat historische wie sachliche Gründe. Zu den historischen gehört die ja erstaunliche Tatsache, dass wir in allen europäischen Sprachen immer noch ein Wort für das Politische gebrauchen, in dem der Ursprung aus dem Griechischen, der griechischen Polis, nachschwingt. Nicht nur etymologisch und nicht nur für den Gelehrten ist dies Wort mit Assoziationen getränkt, die aus jenem Gemeinwesen stammen, in welchem das Politische in einem spezifischen Sinne zum ersten Mal entdeckt wurde. Es ist diesem Sprachgebrauch und seinen Assoziationen zu danken, dass wir, wie weit wir uns auch von der Polis entfernt haben mögen, in einer entscheidenden Hinsicht ihre Art, das Politische zu denken, niemals aufgegeben haben, nämlich in der einstimmigen Meinung aller Staatsmänner und aller Theoretiker des Abendlandes, dass die Tyrannis die schlechteste aller Staatsformen ist. Denn diese Meinung ist nicht selbstverständlich, und für sie ist nichts maßgeblich außer der Tatsache, dass die Tyrannis unter den klassischen Staatsformen die einzige ist, die prinzipiell nicht mit Freiheit zu vereinbaren ist. Wären wir wirklich der Meinung, [w]ie die Theorien der Neuzeit uns einreden möchten, dass es in der Politik nur um Sicherheit und Lebensinteressen geht, so hätten wir keinen Grund, die Tyrannis prinzipiell abzulehnen; denn Sicherheit gerade kann sie gewährleisten, und für den Schutz des schieren Lebens hat sie sich oft allen anderen Staatsformen als überlegen erwiesen. Wenigstens in diesem negativen Sinne also hat sich das ursprüngliche Zusammenfallen von Freiheit und Politik, das für die klassische Antike, aber auch nur für sie, selbstverständlich war, erhalten.

Unsere jüngsten Erfahrungen mit totalitären Diktaturen scheinen mir geeignet, diese ältesten Erfahrungen mit dem Politischen aufs Neue zu bestätigen. Denn sie haben uns eindeutig gezeigt, dass, wenn man mit der Abschaffung der politischen Freiheit ernst machen will, es nicht damit getan ist, nur das zu unterbinden, was wir gemeinhin unter politischen Rechten verstehen, dass es nicht genügt, den Bürgern zu verbieten, sich politisch zu betätigen, Meinungen öffentlich zu äußern und sich in Parteien oder anderen Verbänden zum Zwecke des Handelns zusammenzuschließen. Man muss die Gedankenfreiheit, soweit man es kann – und man kann es sehr weitgehend , man muss die Willensfreiheit und selbst die doch wirklich harmlos scheinende Freiheit künstlerischer Produktivität mit vernichten. Man muss sich mit anderen Worten all der Gebiete bemächtigen, die wir gewohnt sind, als außerhalb des Politischen liegend zu betrachten, weil auch in ihnen ein politisches Element enthalten ist. Oder anders gewendet: Will man die Menschen daran hindern, dass sie in Freiheit handeln, so muss man sie daran hindern, zu denken, zu wollen, herzustellen, weil offenbar all diese Tätigkeiten das Handeln und damit Freiheit in jedem, auch dem politischen Verstande, mit implizieren. Daher glaube ich auch, dass wir das Phänomen der totalen Herrschaft durchaus missverstehen, wenn wir meinen, dass in ihr eine totale Politisierung des Lebens erfolgt, durch die Freiheit zerstört wird. Das gerade Gegenteil ist der Fall; wir haben es mit Phänomenen der Entpolitisierung zu tun wie in allen Diktaturen und Despotien, nur dass diese Entpolitisierung hier so radikal auftritt, dass sie das politische Freiheitselement in allen Tätigkeiten vernichtet und sich nicht nur damit zufriedengibt, das Handeln, also die politische Fähigkeit par excellence, zu zerstören.

Auch diese Ansicht der Dinge, wenn sie Sie vielleicht auch befremdet, liegt noch ganz im Sinne der Tradition politischen Denkens. So meint etwa Montesquieu, es sei Zeichen einer freien Nation, dass Menschen überhaupt von ihrer Vernunft Gebrauch machen (raisonner), und dass, ganz gleich, ob sie das gut oder schlecht machen, es genüge, dass sie denken, um Freiheit entstehen zu lassen. Daher sei es charakteristisch für die Despotie, dass das Prinzip ihrer Herrschaft in Gefahr gerät, sobald Menschen anfangen zu räsonieren, und zwar auch dann, wenn sie versuchen, die Tyrannis theoretisch zu rechtfertigen.[5] Worum es hier geht, ist nicht Wahrheit, sind überhaupt keine eigentlichen Denkresultate, sondern ist die schiere Tätigkeit des Räsonierens selbst, aus der Freiheit entsteht; das Räsonieren schafft einen Raum zwischen den Menschen, in dem Freiheit wirklich ist. Nun ist es, wiederum nach Montesquieu, das Eigentümliche dieser durch das Räsonieren entstehenden Freiheit, dass sie vor den Folgen des ›raisonnement‹ schützt; wo daher die Freiheit, besser: der durch das Räsonieren entstehende Freiheitsraum, zwischen

5 Vgl. ebd., S. 316 (XIX. Buch, 27. Kap.): »Zum Genuß der Freiheit ist es nötig, daß jeder sagen kann, was er denkt. Die Bewahrung der Freiheit macht es gleichfalls nötig, daß jeder sagen kann, was er denkt. In diesem Staat würde daher ein Bürger alles sagen und schreiben, was ihm die Gesetze nicht ausdrücklich zu sagen und zu schreiben verboten haben.«

den Menschen zerstört wird, wie dies in allen tyrannischen Staatsformen der Fall ist, da können die Folgen des Räsonierens nur verderblich sein. Wo also Freiheit aufgehört hat, eine weltliche Realität zu sein, da kann Freiheit als subjektives Vermögen der Einzelnen nur ins Verderben führen. All dies wissen moderne Diktatoren nur zu gut; sie können, wie uns die Ereignisse nach Stalins Tod gezeigt haben, Gedankenfreiheit nicht gewähren, selbst wenn sie es wollen.

Es gibt also eine Fülle von Assoziationen, die mitschwingen, wenn wir von Freiheit und Politik hören; zu ihnen gehören die ältesten historischen Erinnerungen, die sich in unserer Sprache niedergeschlagen haben, so gut wie die Überlieferung politischen Denkens und die uns bewusst gegenwärtigen Erfahrungen der Gegenwart. Sie alle zusammen ermöglichen ein Verständnis, das über die zeitgenössische politische Theorie und ihr Begriffsgefüge weit hinausgeht. Sie setzen nämlich ein anderes Bewusstsein von Freiheit und einen anderen Begriff von Politik voraus, als [die, die] wir gemeinhin haben und bei denen wir jetzt erst einmal etwas verweilen müssen.

II

In dem Verhältnis von Politik und Freiheit handelt es sich nicht um die Willens- oder Wahlfreiheit, das ›liberum arbitrium‹, das zwischen Vorgegebenem, dem Guten und Bösen, eine Entscheidung trifft, etwa in dem Sinne, in dem Richard III. beschloss, ein Bösewicht zu werden. Eher ist es schon, um bei Shakespeare zu bleiben, die Freiheit des Brutus: »That this shall be, or we will fall for it«[6], also die Freiheit, etwas in die Wirklichkeit zu rufen, das es noch nicht gab, das nicht vorgegeben ist, auch nicht für die Einbildungskraft, und zwar deshalb, weil es als Gegebenes noch gar nicht bekannt ist. Das Handeln wird hier nicht von einem Zukünftigen geleitet, das der Vorstellung gegenwärtig ist und daher von dem Willen ergriffen werden kann. Was das Handeln leitet, ist vielmehr, wie Montesquieu in seiner Analyse der Staatsformen ausführt, ein Prinzip.[7] Das Prinzip inspiriert es, aber es schreibt ihm kein Resultat vor, als ginge es um die Verwirklichung eines Programmes; es realisiert sich nicht in irgendwelchen Ergebnissen, sondern allein in dem Vollzug des Handelns selbst. In diesem Vollzug fallen Wollen und Tun zusammen, sie sind ein und dasselbe; das Wollen bereitet das Tun nicht vor, es ist bereits Tat. Und das Tun vollstreckt nicht einen Willensakt, in ihm manifestiert sich überhaupt nicht so sehr ein subjektiver Wille und sein Endzweck, als sich in ihm, solange es dauert, das es leitende Prinzip kundtut – die Ehre also oder der Ruhm oder das Sich-vor-allen-Auszeichnen, das griechische ἀεὶ ἀριστεύειν, aber auch Furcht oder Misstrauen oder Hass. Freiheit wiederum ist nicht ein Prädikat dieser Prinzipien, und sie ist weder im Willen noch sonst wo in der Menschennatur lokalisiert; sie fällt vielmehr mit dem Handeln zusammen: solange man handelt, ist man frei, nicht vorher und nicht nachher, weil Handeln und Frei*sein* ein und dasselbe sind.

6 Shakespeare, *Julius Cäsar*, II,2.

7 Vgl. z.B. Montesquieu (s. Anm. 4), S. 119 (III. Buch, 1. Kap.): »Zwischen der Natur der Regierung und ihrem Prinzip besteht folgender Unterschied: ihre Natur macht sie zu dem, was sie ist, ihr Prinzip bringt sie zum Handeln.«

Um Ihnen zu illustrieren, was ich mit einer dem Handeln selbst innewohnenden Freiheit meine, möchte ich Sie an Machiavelli[8] erinnern, der noch vor Montesquieu diesen spezifisch antiken Aspekt der Freiheit wiederentdeckte und begrifflich formulierte.[9] Seine *virtù*, die der *fortuna* der Welt antwortet, ist nicht römische *virtus* und nicht das, was wir unter Tugend verstehen. Sie gleicht noch am ehesten dem, was wir Virtuosität nennen, jener Qualität, die nie bei den herstellenden, sondern nur bei den ausübenden Künsten zur Geltung kommt, bei denen die Leistung im Vollzug selbst liegt und nicht in einem die Tätigkeit überdauernden und von ihr unabhängig bestehenden Endprodukt. Dies Virtuose der Machiavelli'schen *virtù* hat viel mit der griechischen ἀρετή gemein, wiewohl Machiavelli die Griechen kaum kannte. Er hat schwerlich gewusst, dass die Griechen, wenn immer sie das Spezifische des politischen Tuns kennzeichnen wollten, zu Gleichnissen griffen wie dem Flötespielen, dem Tanzen, der ärztlichen Tätigkeit oder dem Seefahren, also zu Künsten, in denen die Virtuosität des Vollzugs den Ausschlag gibt.

Weil Handeln Virtuosität erfordert und Virtuosität eine Eigentümlichkeit der ausübenden Künste ist, hat man oft gemeint, Politik überhaupt sei eine Kunst. Dies ist ganz falsch, wenn man, wie es oft geschieht, das Wort Kunst im

8 Vgl. Anm. 21 zu »Der Mensch, ein gesellschaftliches oder ein politisches Lebewesen«.

9 Vgl. Machiavelli, *Der Fürst*, Stuttgart 2014, bes. S. 25–29 (Kap. 6: »Von neuen Fürstenherrschaften, die man mit eigenen Waffen durch Tüchtigkeit erwirbt«) und S. 29–38 (Kap. 7: »Von neuen Fürstenherrschaften, die man mit fremden Waffen und durch Glück erwirbt«).

Sinne der herstellenden Künste versteht und den Staat für ein Kunstwerk, sogar das größte von Menschenhand, hält. Im Sinne der herstellenden Künste, die etwas Handgreifliches produzieren, das die Tätigkeit, die es hervorbrachte, überdauert und sich von ihr ganz ablöst, ist Politik das gerade Gegenteil einer Kunst – was nicht heißen soll, dass sie eine Wissenschaft ist. Der Staat ist schon darum kein Kunstwerk, weil er in seiner Existenz niemals unabhängig wird von dem Handeln der Menschen, die ihn hervorgebracht haben. Durch eine solche Unabhängigkeit der Existenz weist sich ein Kunstwerk als ein Produkt des Herstellens aus, und durch seine Abhängigkeit von dem Weiterhandeln der Menschen weist sich der Staat als ein Produkt des Handelns aus. Die Ähnlichkeit zwischen dem Handeln und den ausübenden Künsten aber geht noch weiter. Genau so, wie das Musizieren oder das Tanzen oder das Theaterspielen für die Entfaltung ihrer Virtuosität auf ein Publikum angewiesen sind, das dem Vollzug beiwohnt, bedarf auch das Handeln der Präsenz anderer in einem eben politisch organisierten Raum, der keineswegs selbstverständlich und nicht überall anzutreffen ist, wo Menschen in irgendeiner Art von Gemeinschaft zusammenleben. Eine solche für das Handeln erforderliche ›Staatsform‹ war einmal die Polis.

Verstehen wir das Politische im Sinne der Polis – zu der nur zugelassen war, wer weder als Sklave dem Zwang durch andere noch als Arbeiter der Notwendigkeit des biologischen Lebensprozesses unterworfen war –, so stellt es den Erscheinungsraum dieser nur dem Handeln eigenen virtuosen Freiheit dar. Der politisch-öffentliche Bereich ist dann der weltlich sichtbare Ort, an dem Freiheit sich manifestieren, in Worten, Taten, Ereignissen wirklich werden kann, die ihrerseits in das Gedächtnis der Menschen eingehen und geschichtlich werden. Was immer in diesem Erscheinungsraum vor sich geht, ist politisch per definitionem, auch wenn es mit Handeln direkt nichts zu tun hat. Was immer außerhalb seiner verbleibt, wie etwa die großen Leistungen der Barbarenreiche, mag groß und denkwürdig sein; politisch im eigentlichen Sinne ist es nicht. Ohne einen solchen eigens für sie gegründeten und eingerichteten Raum kann Freiheit sich nicht verwirklichen. Freiheit ohne Politik gibt es eigentlich nicht, weil sie gar keinen Bestand hätte. Ein Gemeinwesen andererseits, das nicht ein Erscheinungsraum für die unendlichen Variationen des Virtuosen ist, in denen Freisein sich manifestiert, ist nicht politisch.

Diese Vorstellungen von Freiheit und Politik, ihrem Verhältnis zueinander und dem Zusammenhang zwischen ihnen, muten uns so fremdartig an, weil wir unter Freiheit entweder Gedankenfreiheit oder Willensfreiheit verstehen und weil wir der Politik die Sorge um eine Lebensversorgung zuschreiben, in der es um die Sicherung des Daseins geht und die Förderung seiner Interessen. Aber auch hier gibt es eine uns irgendwie bekannt und selbstverständlich klingende Grundüberzeugung, die nur dann in Vergessenheit gerät, wenn wir anfangen, uns theoretisch mit diesen Dingen zu beschäftigen. Dies ist die uralte Überzeugung, dass die Kardinaltugend des Politischen der Mut ist. Nun, Mut ist ein großes Wort. Ich meine nicht dic Tollkühnheit, welche die Gefahr sucht und gern alles aufs Spiel setzt um der gesteigerten Lebensintensität willen im Angesicht von Gefahr und Tod. Dieser tollkühne Mut ist dem Leben nicht weniger verhaftet als die Feigheit. Der Mut, von dem auch wir noch glauben, dass er für das politische Handeln unerlässlich sei, entspringt nicht dem Lebensgefühl des Einzelnen, sondern der Natur des Öffentlichen. Denn im Gegensatz zu dem Privaten, wo in der Behütetheit der Familie und der Geborgenheit der eigenen vier Wände alles dazu dient und dienen muss, das Leben von Individuen zu schützen, steht die öffentliche, uns allen gemeinsame Welt – die schon darum, weil sie vor uns da war und nach uns weiterbestehen soll, sich um das schiere Lebendigbleiben und die elementaren Daseinsinteressen der Einzelnen niemals primär bekümmern kann. Des Mutes in einem politischen Sinn bedarf es, um diese uns überdauernde Welt des Öffentlichen überhaupt zu betreten, nicht weil in ihr besondere Gefahren lauerten, sondern weil in ihr die Sorge um das Leben seine Gültigkeit verloren hat. Der Mut befreit von der Sorge um das Leben für die Freiheit der Welt. Des Mutes bedarf es, weil es in der Politik niemals primär um das Leben, sondern immer um die Welt geht, die so oder anders aussehen, so oder anders uns überdauern soll.

Diejenigen also, für die in dem Wort ›Politik‹ die Idee der Freiheit noch mitschwingt, können nicht gut der Meinung sein, dass das Öffentliche nichts sei als die Summierung aller privaten Interessen beziehungsweise die Ausbalancierung ihrer Konflikte oder dass der Staat zu der Gesamtbevölkerung seines Territoriums sich ähnlich verhalte wie der Hausvater zu den Mitgliedern seiner Familie. Wenn das so wäre, dann wäre Politik mit Freiheit nicht zu vereinbaren. Freiheit kann der Sinn von Politik nur sein, wenn wir unter dem Politischen einen öffentlichen Raum verstehen, der sich nicht nur von der Sphäre des Privatlebens abgrenzt, sondern sogar immer in einem gewissen Gegensatz zu ihr steht.

Theoretisch sind die Vorstellungen, welche den öffentlich-staatlichen Bereich eines politischen Körpers, also beispielsweise einer Nation, am Modell einer ins Ungeheure angewachsenen Familie und einer gigantischen Haushaltsorganisation ablesen, sehr alt; von praktischem Belang aber sind sie doch erst, seitdem sich die moderne Gesellschaft zwischen den öffentlich-politischen und den privaten Bereich geschoben hat, und diese beiden Bereiche sich nicht mehr klar voneinander abheben. In diesem Zwischenbereich des Gesellschaftlichen leben wir heute überall, und die modernen politischen Theorien, ob sie nun liberal oder konservativ oder sozialistisch sind, handeln eigentlich alle im Wesentlichen von der Gesellschaft, auf deren eigentümliche Strukturen ich hier nicht weiter eingehen kann, zu deren Wesen es aber gehört, das Öffentliche zu privatisieren und das Private zum Gegenstand der öffentlichen Sorge zu machen. Am weitesten in dieser Hinsicht sind natürlich die totalitären Diktaturen gegangen, die sich bekanntlich ausdrücklich rühmen, den Unterschied zwischen privat und öffentlich, den Gegensatz von privaten und öffentlichen Interessen abgeschafft zu haben, und zwar zugunsten eines Macht- und Terrorapparates, der das einheitliche Interesse des Gesellschaftskollektivs vertritt. Aber auch in den westlichen Demokratien hat sich der Unterschied zwischen privat und öffentlich immer mehr verwischt, wenn auch in der umgekehrten Richtung; hier rühmen sich die Parteipolitiker, die Privatinteressen ihrer Wähler so zu vertreten, wie ein guter Anwalt seine Klienten, so dass der öffentliche Raum, die uns gemeinsame Welt, von individuellen Privatinteressen gleichsam überwuchert wird. Die Wissenschaften von dieser Gesellschaft, die Gesellschaftswissenschaften, sind Ihnen alle bekannt, und vom Behaviorismus zum Vulgärmarxismus laufen sie alle auf das Gleiche heraus, nämlich den handelnden Menschen und seine Freiheit aus dem Gang der Ereignisse auszuschalten. Dabei ist es in unserem Zusammenhang gleichgültig, ob die Vergesellschaftung des Menschen im Sinne des Behaviorismus geschieht, der alles Handeln von Personen in ein Sich-Verhalten von atomisierten Individuen auflöst, oder ob sie wesentlich radikaler im Sinne der modernen Ideologien geschieht, die politische Ereignisse und politisches Handeln in den Geschichtsprozess einer Gesellschaft auflösen, der seinen eigenen Gesetzen folgen soll. Der Unterschied zwischen diesem verbreiteten ideologischen Denken und der totalen Herrschaft ist, dass die Letztere das Mittel entdeckte, die Menschen in den gesellschaftlichen Geschichtsstrom so einzufügen, dass er dies automatische Strömen gar nicht mehr hemmen will, sondern im Gegenteil sich selbst zu einem Moment seiner Beschleunigung macht. Die Mittel, mit denen dies geschieht, sind der von außen losgelassene Zwang des Terrors und der von innen losgelassene Zwang ideologisch-stimmigen Denkens. Zweifellos ist diese totalitäre Entwicklung der entscheidende Schritt auf dem Wege der Entpolitisierung des Menschen und der Abschaffung der Freiheit; theoretisch aber ist der Begriff der Freiheit überall im Verschwinden, wo entweder der Begriff der Gesellschaft oder der Begriff der Geschichte an die Stelle eines Begriffes von Politik getreten sind.

III

Wir sahen, dass der Satz: Der Sinn von Politik ist Freiheit, voraussetzt, dass Politik es mit der Welt zu tun hat und nicht mit dem Leben und dass Freiheit dort beginnt, wo die Sorge um das Leben aufgehört hat, die Menschen zu zwingen, sich so oder anders zu verhalten. Und wir sahen, dass diese Begriffe von Freiheit und von Politik im Widerspruch stehen zu den Gesellschaftstheorien der Moderne. Dieser Sachverhalt legt natürlich nahe zu versuchen, hinter die Neuzeit und ihre Theorien zurück zu gehen und uns älteren Traditionen anzuvertrauen. Die eigentliche Schwierigkeit in der Behandlung unseres Themas entsteht in der Tat dadurch, dass dies nicht so einfach möglich ist. Denn meine Behauptung, dass Freiheit ein wesentlich politisches Phänomen ist, dass sie primär weder im Wollen noch im Denken, sondern im Handeln erfahren wird und damit auf einen eigens für dies Handeln erstellten, eben politischen Raum angewiesen ist, widerspricht sehr alten und sehr ehrwürdigen Vorstellungen. Weder der auf die Spätantike zurückgehende philosophische Freiheitsbegriff, für den Freiheit ein Phänomen des Denkens ist, noch die christliche und moderne Willensfreiheit sind politischer Natur; ja sie beinhalten sogar beide eine ausgesprochen antipolitische Stellung, die ihrerseits keineswegs eine Marotte von Philosophen oder homines religiosi ist, sondern auf höchst authentische Erfahrungen zurückweist, die Menschen mit dem Politischen gemacht haben. Auf diese Erfahrungen selbst können und brauchen wir hier nicht einzugehen. Für uns muss es genügen, uns daran zu erinnern, dass die Tradition auf unsere Frage nach dem Verhältnis von Politik und Freiheit uns nahezu einstimmig sagt, dass Freiheit erst dort beginnt, wo der Mensch sich aus dem Zusammenleben mit den vielen, also aus dem politischen Bereich, zurückgezogen hat, und dass er Freiheit in dem Umgang mit sich selbst, nicht mit anderen, erfährt, entweder nämlich in dem Dialog mit sich selbst, den wir seit Sokrates mit Denken identifizieren, oder in dem Konflikt mit sich selbst, dem Streit zwischen Wollen und Können, in dem das Christentum in der Nachfolge Paulus'[10] und Augustinus'[11] die Unzulänglichkeit und Fragwürdigkeit menschlicher Freiheit erblickte.

Was das Freiheitsproblem anlangt, so ist es uns selbstverständlich, es im Horizont der christlichen Tradition zu stellen und zu beantworten. Darauf deutet schon die einfache Tatsache, dass wir zumeist und unwillkürlich alle Freiheit als Willensfreiheit verstehen, also als das Prädikat einer Fähigkeit, die der Antike eigentlich unbekannt war. Erst das Christentum entdeckte den Willen als eine Fähigkeit, die mit dem einfachen Begehren und Hinstreben zu ersehnten Gegenständen so wenig zu tun hat, dass sie sogar in Konflikt mit ihnen treten kann. Wäre Freiheit wirklich ausschließlich ein Willensphänomen, so müssten wir

10 Paulus von Tarsus (um 7–68 n. Chr.), wichtiger Missionar, wird als Heiliger verehrt. Paulus' Briefe gehören zu den ältesten Schriften des Neuen Testaments, die das Wirken Jesu in eine Lehre übersetzen.

11 Augustinus (354–430 n. Chr.), einflussreicher früher Kirchenvater. Er verfasste zahlreiche theologische Schriften. Sein bekanntestes Werk sind die *Confessiones* (Bekenntnisse), in denen er in 13 Büchern sein Leben, die Suche nach Wahrheit und seine Bekehrung beschreibt.

erklären, die Antike habe nicht gewusst, was Freiheit ist. Eine solche Meinung wäre zwar absurd, aber sie könnte sich immerhin darauf berufen, dass in keiner der klassischen Philosophien vor Augustinus die Freiheit eine Rolle spielt. Der Grund für diese auffällige Lücke ist, dass Freiheit im Altertum ein ausschließlich und radikal politischer Begriff war; sie war der Inbegriff der Polis und des politischen Lebens, des βίος πολιτικός. Unsere philosophische Tradition aber, sofern sie von Parmenides und Plato ihren Ausgang nimmt, ist ursprünglich im Gegensatz zur Polis und dem Bereich des Politischen gestiftet worden. Dass die antike Philosophie mit Freiheit, diesem politischsten aller Begriffe des Altertums, nichts anzufangen wusste, versteht sich eigentlich von selbst. Das konnte erst anders werden, als das Christentum in der Willensfreiheit eine unpolitische Freiheit entdeckte, die im Verkehr mit sich selbst erfahrbar und daher von dem Verkehr mit den Vielen unabhängig war.

Angesichts des außerordentlichen Machtpotentials, das dem Willen innewohnt, vergessen wir leicht, dass das Wollen ursprünglich nicht in einem Ich-will-und-kann erfahren wurde, sondern in dem Konflikt zwischen Wollen und Können; was der Antike unbekannt war, war gerade dieser Konflikt. Denn das Ich-will-und-kann war der Antike natürlich ganz vertraut; ich brauche Sie nur an die auf Plato zurückgehende Lehre zu erinnern, dass nur, wer sich selbst befehlen und sich selbst gehorchen kann, das Recht haben dürfe, anderen zu befehlen, und die Freiheit, anderen nicht gehorchen zu müssen. Diese Selbstbeherrschung, beziehungsweise die Überzeugung, dass nur Selbstbeherrschung zur Herrschaft legitimiere, ist bis auf den heutigen

Tag das eigentliche Zeichen aristokratischer Gesinnung geblieben. Und sie ist in der Tat eine typisch politische Tugend, nämlich ein Phänomen der Virtuosität, in dem Können und Wollen so genau aufeinander abgestimmt sind, dass sie praktisch zusammenfallen. Indem wir so das Können und Wollen wieder auseinanderlegen, sprechen wir bereits unangemessen, nämlich im Horizont der christlichen Willensfreiheit. Hätte die Antike überhaupt diesen Unterschied gekannt, so hätte sie zweifellos die Freiheit zu einem Prädikat des Könnens, und nicht des Wollens, gemacht. Wo immer das Können scheiterte, sei es an den Umständen der Welt oder denen des eigenen Selbst, wäre von Freiheit nicht die Rede gewesen.

Ich wählte das Beispiel der Selbstbeherrschung, weil hier ein Phänomen vorliegt, das wir uns überhaupt nur durch den Willen erklären können. Über das Maßhalten, über die Notwendigkeit, die Rosse der Seele zu zähmen und zu lenken, haben die Griechen, wie Sie wissen, viel nachgedacht, und dennoch haben sie an all diesen Phänomenen, in denen sich für uns Willensstärke bekundet, niemals den Willen als eine von den übrigen Fähigkeiten des Menschen getrennte, ganz und gar besondere Qualität entdeckt. Es ist eine geschichtliche Tatsache, die des Nachdenkens wohl wert ist, dass die Menschen des Willens in ihnen erst ausdrücklich gewahr wurden, als sie seine Ohnmacht, und nicht seine Stärke, erfuhren, als sie mit Paulus zu sagen begannen:

»Wollen habe ich wohl, aber vollbringen das Gute finde ich nicht.«[12] Dabei ist für uns entscheidend, dass, was hier erfahren wurde, nicht die Ohnmacht des Willens in der

12 Röm 7,18.

Welt war, nicht dass er scheiterte an der Übermacht der Natur oder der Verhältnisse oder der Vielen gegen den Einzelnen, sondern dass es sich ausschließlich um die Ohnmacht des Willens in dem einzelnen Menschen selbst handelte. Alles Wollen wächst aus dieser ursprünglichen Konfliktsituation des Wollenden mit sich selbst als einem Könnenden, und das heißt: Das Ich-will schlägt buchstäblich auf das Ich zurück, spornt es an, stachelt es auf oder geht an ihm zugrunde. Diese Ichbezogenheit des Wollenden bleibt bestehen, auch wenn einer sich anschickt, die ganze Welt zu erobern, und sie unterscheidet das Ich-will prinzipiell von dem Ich-denke, das zwar auch einen Selbstbezug impliziert, den Dialog mit sich selbst, aber immerhin nicht dieses Selbst auch noch zum Gegenstand hat. Vielleicht ist der Wille, weil er an der Ohnmacht zuerst erfahren wurde, so ungewöhnlich machthungrig geworden, so dass für uns Wille und Wille zur Macht schon fast identisch geworden sind. Jedenfalls ist die Tyrannis, die der Singularität des Ich-will entspringt, wegen ihrer absoluten Ichbezogenheit so unvergleichlich grausamer und gieriger als die utopischen Vernunftherrschaften, mit denen die Philosophen die Menschen zwingen wollten und die sie sich am Modell des Ich-denke ausdachten.

Ich sagte, die Philosophen haben erst angefangen, sich für die Freiheit zu interessieren, als sie nicht mehr im Handeln und im Verkehr mit anderen, sondern im Wollen und im Verkehr mit sich selbst erfahren wurde. Dass damit die Freiheit aus einem primär politischen Faktum zu einem philosophischen Problem ersten Ranges wurde, hat natürlich nicht verhindert, dass auch die nun problematisch gewordene und philosophisch gedeutete Freiheit ihrerseits wieder sich im politischen Bereich geltend machte. Aber das Ideal des Freiseins konnte jetzt, da sich der Akzent so entscheidend vom Handeln-Können auf das Wollen verschoben hatte, nicht mehr die Virtuosität des Mit-anderen-zusammen-Handelns sein, das Ideal wurde vielmehr die Souveränität, die Unabhängigkeit von allen anderen und gegebenenfalls das Sich-Durchsetzen gegen sie. Politisch hat sich vermutlich kein anderer Bestandteil des traditionellen philosophischen Freiheitsbegriffs als so verderblich erwiesen wie die ihm inhärente Identifizierung von Freiheit und Souveränität. Denn sie führte entweder zu der Leugnung der Freiheit – nämlich wenn man einsah, dass Menschen souverän gerade nicht sind – oder zu der dieser Leugnung nur scheinbar entgegengesetzten Ansicht, dass die Freiheit eines Menschen oder einer Gruppe immer nur auf Kosten der Freiheit, nämlich der Souveränität aller anderen realisierbar war. Was innerhalb dieses Problemzusammenhanges so außerordentlich schwer zu verstehen ist, ist die einfache Tatsache, dass es menschlicher Existenz eigentümlich ist, dass ihr Freiheit nur unter der Bedingung der Nicht-Souveränität geschenkt ist; und dass es ebenso unrealistisch ist, um dieser Nicht-Souveränität willen die Freiheit zu leugnen, wie es verderblich ist zu glauben, dass man nur dann frei sei – als Einzelner oder als organisierte Gruppe –, wenn man souverän ist. Auch die Souveränität eines politischen Körpers ist immer nur ein Schein, der zudem niemals anders als mit den Mitteln der Gewalt aufrechterhalten werden kann.

Allerdings muss man, wenn man das Irreale und Verderbliche dieser Identifizierung recht verstehen will, sich von dem alten, auf die römische Stoa zurückgehenden Vorurteil befreien, dass Nicht-Souveränität das Gleiche sei wie Abhängigkeit, so dass die Tatsache der Nicht-Souveränität menschlicher Existenz lediglich darin läge, dass Menschen einander bedürften, um überhaupt nur am Leben zu bleiben. Diese Abhängigkeit der Menschen untereinander in allen Fragen des schieren Lebens ist evident; sie ist besiegelt schon in dem Faktum der Geburt, insofern die Menschen ja, wie die Griechen sagten, ἐξ ἀλλήλων auseinander entstehen. Aber diese Abhängigkeit des menschlichen Lebens gilt in der Tat nur für den Einzelnen, sie braucht nicht für eine Gruppe zu gelten, wenn nur diese Gruppe eine absolute Übermacht über alle anderen hat beziehungsweise mächtig und genügsam genug ist, sich gegen alle anderen zu isolieren. Viel entscheidender als diese Abhängigkeit ist, dass Menschen im Singular gar nicht vorstellbar sind, dass ihre Gesamtexistenz daran hängt, dass es immer auch andere gibt, die ihresgleichen sind. Gäbe es nur *einen* Menschen, wie wir sagen, dass es nur *einen* Gott gibt, so gäbe es den Begriff Mensch in unserem Sinne überhaupt nicht; gäbe es nur *eine* Nation auf der Erde oder nur *ein* Volk, so würde natürlich kein Mensch wissen, was eine Nation oder ein Volk ist. Das Unter-seinesgleichen-Sein ist für Menschen in der Tat erst im Tod aufgehoben, wie der lateinische Sprachgebrauch, der das *inter homines esse* mit Leben und das *desinere inter homines esse* mit Sterben gleichsetzt, so schön andeutet. Nur im Tod oder angesichts des Todes kann menschliches Dasein ganz und gar singularisch werden.

Wie die Souveränität des Einzelnen ist letztlich auch die Souveränität einer Gruppe oder eines politischen Körpers immer nur ein Schein; sie kann nur dadurch zustande kommen, dass eine Vielheit sich so verhält, als ob sie *einer* wäre und noch dazu ein *Einziger*. Solch ein Verhalten ist allerdings möglich, wie wir aus vielen Phänomenen der Massengesellschaft nur zu gut wissen, aber es besagt auch, dass es gerade Freiheit in einer solchen überhaupt nicht gibt. Wo alle das Gleiche tun, handelt niemand mehr in Freiheit, auch wenn keiner direkt gezwungen wird. Unter menschlichen Verhältnissen also, die dadurch bestimmt sind, dass es nicht *den*, sondern nur *die* Menschen, nur viele Völker, aber nicht ein Volk gibt, sind Freiheit und Souveränität so wenig miteinander identisch, dass sie nicht einmal zusammen bestehen können. Wo Menschen, sei es als Einzelne, sei es in organisierten Gruppen, souverän sein wollen, müssen sie die Freiheit abschaffen. Wollen sie aber frei sein, so müssen sie auf Souveränität gerade verzichten.

Wie schwer es ist, innerhalb des philosophischen Begriffsgefüges unserer Tradition zu einem gültigen Begriff politischer Freiheit zu kommen beziehungsweise einen gerade den politischen Erfahrungen gemäßen Freiheitsbegriff zu formulieren, möchte ich an zwei Denkern der Neuzeit illustrieren, die, was politische Theorie und Philosophie angeht, vielleicht die tiefsten und größten sind, nämlich an Montesquieu und Kant[13].

Montesquieu ist sich der Unangemessenheit der philosophischen Tradition in diesen Dingen so sehr bewusst,

13 Immanuel Kant (1724–1804), der wohl wichtigste und einflussreichste neuzeitliche Philosoph. Hauptwerke sind u.a. *Kritik der reinen Vernunft* (1781/87), *Idee zu einer allgemeinen Geschichte in weltbürgerlicher Absicht* (1784), *Grundlegung zur Metaphysik der Sitten* (1785), *Kritik der praktischen Vernunft* (1788), *Kritik der Urteilskraft* (1790), *Zum ewigen Frieden* (1795) sowie *Metaphysik der Sitten* (1797).

dass er ausdrücklich zwischen philosophischer Freiheit und politischer Freiheit unterscheidet. Der Unterschied besteht darin, dass die philosophische Freiheit nur die Ausübung des Willens verlangt, »l'exercice de la volonté«, also unabhängig ist von den Verhältnissen der Welt und den Zielen, die der Wille sich setzt. Die politische Freiheit dagegen besteht in der Sicherheit (»la liberté politique consiste dans la sûreté«), die es nicht immer und überall, sondern nur in politischen, durch Gesetze bestimmten Gemeinschaften gibt.[14] Ohne diese Sicherheit gibt es keine Freiheit, denn Freiheit heißt »tun können, was man wollen soll« (»la liberté ne peut consister qu'à pouvoir faire ce que l'on doit vouloir«). So offenbar in diesen Formulierungen Montesquieus Tendenz ist, der philosophischen Freiheit eines wollenden Selbst das politische Freisein als eine weltlich-handgreifliche Realität gegenüberzustellen, so evident ist doch auch, wie sehr er von der philosophischen Tradition der Willensfreiheit abhängig bleibt. Denn es klingt ja, als sei in der Montesquieu'schen Formulierung die politische Freiheit nichts als eine Ausweitung der philosophischen, diejenige nämlich, welche unerlässlich ist, um die Freiheit eines Ich-will zu realisieren. Wollen wir die eigentlichen Intentionen Montesquieus verstehen, so müssen wir mit einiger Mühe seine Sätze so lesen, dass der Ton nicht auf dem Können liegt – dass man auch tun *können* muss, was immer man will oder wollen soll –, sondern auf dem Tun, und außer-

14 Montesquieu (s. Anm. 4), S. 214 (XI. Buch, 3. Kap.): »Freiheit ist das Recht, all das zu machen, was die Gesetze gestatten. Wenn ein Staatsbürger machen dürfte, was sie untersagen, so gäbe es keine Freiheit mehr, denn die anderen hätten diese Möglichkeit dann ja ebensogut.«

dem noch hinzufügen, dass Handeln und Tun in diesem Zusammenhang erheblich mehr sein müssen als der gleichsam automatische Vollzug eines Willens. Das Freisein selbst ist in dem Handeln beschlossen, und sein Können ist von den anderen als Sicherheit garantiert. Die Freiheit liegt nicht in einem Ich-will, dem dann je nachdem ein Ich-kann entsprechen oder widersprechen mag, ohne doch die menschliche Freiheit in Frage zu stellen; das Freisein beginnt überhaupt erst mit dem Handeln, so dass Nicht-Handeln-Können und Nicht-Freisein auch dann ein und dasselbe bedeuten, wenn die (philosophische) Willensfreiheit intakt fortbesteht. Mit anderen Worten, die politische Freiheit ist nicht ›innere Freiheit‹, sie kann in kein Innen ausweichen; sie hängt daran, ob eine freie Nation den Raum gewährt, in welchem das Handeln sich auswirken und sichtbar werden kann. Die Macht des Willens, sich durchzusetzen und andere zu zwingen, hat mit diesem Freisein gar nichts zu tun.

Bei Kant, dem einzigen unter den großen Philosophen, für den die Frage: »Was soll ich tun?« die gleiche Dignität[15] besaß wie die spezifisch philosophischen Fragen: »Was kann ich wissen? Was darf ich hoffen?«, zeigt sich die Stärke der antipolitischen Tradition in der Philosophie nicht so sehr in einer Unzulänglichkeit der Formulierungen wie bei Montesquieu, als in der merkwürdigen Tatsache, dass es bei ihm eigentlich zwei, untereinander sehr verschiedene politische Philosophien gibt: diejenige, die gemeinhin als solche anerkannt ist in der ›Kritik der praktischen Vernunft‹, und eine andere in der ›Kritik der Urteilskraft‹. Dass

15 Würde

der erste Teil der ›Kritik der Urteilskraft‹ eigentlich eine Philosophie der Politik ist, ist in der Kant-Literatur nur selten bemerkt worden; dafür aber kann man, glaube ich, nachweisen, dass für Kant selbst in allen seinen eigentlich politischen Schriften die Thematik der ›Urteilskraft‹ maßgebender war als die der ›praktischen Vernunft‹. Die Freiheit erscheint in der ›Urteilskraft‹ als ein Prädikat der Einbildungskraft, nicht des Willens, und die Einbildungskraft hängt aufs engste mit jener ›erweiterten Denkungsart zusammen, welche die politische par excellence ist, weil wir durch sie die Möglichkeit haben, ›an der Stelle jedes anderen zu denken‹[16]. Nur in diesem Zusammenhang wird philosophisch deutlich, warum Kant so emphatisch sagen konnte: »Die äußere Gewalt, welche die Freiheit, seine Gedanken öffentlich mitzuteilen, den Menschen entreißt, nimmt ihnen auch die Freiheit zu denken.«[17] Hier schlägt das Unfrei*sein* auf die ›innere‹ Fähigkeit zur Freiheit zurück und vernichtet sie. Auch die Freiheit des Denkens, der, wie Kant sagt, inneren »Rede mit sich selbst«, hängt, wenn es zu Gedanken kommen soll, an der Präsenz der anderen und damit an der Möglichkeit, unsere Gedanken »öffentlich

16 Kant, *Kritik der Urteilskraft*, B 158, Stuttgart 2011, S. 215.

17 Vgl. Kant, »Was heißt: Sich im Denken orientieren«, A 325, in: I. K.: *Denken wagen. Der Weg aus der selbstverschuldeten Unmündigkeit*, Stuttgart 2017, S. 17–36, hier S. 33: »Also kann man wohl sagen, dass diejenige äußere Gewalt, welche die Freiheit, seine Gedanken öffentlich mitzuteilen, den Menschen entreißt, ihnen auch die Freiheit zu denken nehme: das einzige Kleinod, das uns bei allen bürgerlichen Lasten noch übrig bleibt, und wodurch allein wider alle Übel dieses Zustandes noch Rat geschafft werden kann.«

auf[zu]stellen, um zu sehen, ob sie auch mit anderer ihrem Verstande zusammenpassen«[18].

Aber dieser von der Willensfreiheit ganz unabhängige Freiheitsbegriff hat in der Überlieferung der kantischen Philosophie kaum eine Rolle gespielt. Und auch in der Philosophie Kants selbst ist er überschattet von dem der ›praktischen Vernunft‹, die dem Wollen in seiner Güte oder Schlechtigkeit alle Macht in den Angelegenheiten der Menschen zuschrieb, während das Handeln selbst, wie Sie sich erinnern, bereits nicht mehr in den Bereich menschlicher Macht und Freiheit fällt, sondern der Notwendigkeit untersteht und dem Kausalgesetz anheimfällt. Dass man frei sei, solange man nur wollen könne, das heißt, solange nur dem Ich-will nicht ein inneres Ich-kann-nicht entgegensteht, dass man unfrei wird, sobald man angefangen hat zu handeln: An diesen beiden Grundvoraussetzungen seiner im engeren Sinne praktisch-politischen Philosophie hat Kant ausdrücklich jedenfalls kaum je gezweifelt.

IV

Dass dem Tun und Handeln eine von dem Willen unabhängige Freiheit innewohnen könne, ist für uns, für die das gesamte Freiheitsproblem im Schatten des Christentums und einer ursprünglich anti-politischen Tradition der Philosophie steht, schwer zu verstehen. Um nun dies Freisein, das nur im Handeln erfahren wird, näher zu bestimmen,

18 Kant, *Anthropologie in pragmatischer Hinsicht*, Stuttgart 1983, S. 153.

werfen wir noch einmal einen Blick auf die Antike – nicht aus Gelehrsamkeit und nicht einmal um der Kontinuität unserer Tradition willen, sondern lediglich um der Erfahrungen habhaft zu werden, die wir zwar alle noch irgendwie kennen, die aber doch später in solcher, eben klassischer Reinheit nicht mehr artikuliert worden sind.

Da muss uns zunächst auffallen, dass sowohl das Griechische wie das Lateinische zwei Wörter für das Wort »handeln« hat, denen zwei voneinander streng verschiedene Vorgänge entsprechen. Im Griechischen handelt es sich um die Wörter ἄρχειν (anfangen, führen und herrschen) und πράττειν (etwas durchführen und es vollbringen). Dem entsprechen im Lateinischen die Wörter *agere* (etwas in Bewegung setzen) und *gerere*, jenes tragende und ertragende Weiterführen, das dann in den *res gestae* zu jenen Taten und Ereignissen wird, die wir geschichtlich nennen. In beiden Fällen fängt das Handeln damit an, dass ein Anfang gesetzt wird, dass etwas Neues begonnen wird. Dass Freiheit ursprünglich in dieser Fähigkeit des Neubeginnens erfahren wurde, also in dem, was wir seit Kant Spontaneität nennen, liegt in der Vieldeutigkeit des griechischen Wortes, für welches das Anfangen mit dem Führen und schließlich Herrschen, also den auszeichnenden Qualitäten des freien Mannes, zusammenfiel. Die Vieldeutigkeit des Wortes ἄρχειν besagt: Das Anfangen kann nur dem zufallen, der Herrscher bereits ist, und dies hieß in Griechenland einem Mann, der einem Sklavenhaushalt vorstand, sich durch Herrschaft von den Notwendigkeiten des Lebens befreit hat und so frei geworden ist für das Leben in der Polis unter Seinesgleichen; das Anfangen selbst aber fällt mit dem Andere-Anführen zusammen, denn nur mithilfe der anderen kann der Anfangende etwas vollbringen (πράττειν).

Freisein und Beginnen sind auch im Lateinischen miteinander verkoppelt, wenn auch auf andere Weise. Die Freiheit ist den Römern eine Erbschaft, die sie der Gründung Roms und damit dem Beginn ihrer Geschichte verdanken, jenem Anfang, den die Vorfahren machten und den die Nachkommen in dem *gerere* und *res gestae* zu tragen, zu verwalten und zu mehren haben. Darum kann römische Geschichtsschreibung, die wie die griechische immer zugleich politisch ist, doch nicht, wie bei Thukydides[19] oder Herodot[20], sich damit begnügen, einzelne große Ereignisse und Geschichten dem Gedächtnis der Mitbürger zu empfehlen; da die römische Freiheit, also das eigentlich politische Element des Geschichtlichen, nur durch den Anfang der römischen Geschichte garantiert ist, muss sie immer *ab urbe condita* erzählen, mit der Gründung der Stadt anheben und das Ereignete ausdrücklich an diesen Anfang zurückbinden.

Gehen wir einen Schritt weiter, so können wir sagen, dass der eigentliche Sinn des Politischen in der Antike mit diesem Anfangenkönnen aufs engste verbunden war. Dass das Politische ohne das Städtische für die Antike buchstäb-

19 Thukydides (um 454–396 v. Chr.), griechischer Historiker der Antike. In seinem Werk *Der Peloponnesische Krieg* schildert er das Geschehen des innergriechischen Machtkampfes zwischen 431 und 411 v. Chr.

20 Herodot (490/80 – um 424 v. Chr.), antiker griechischer Historiker, Völkerkundler und Geograf. In seinen neun Bücher umfassenden *Historien* beschreibt er den Aufstieg des Perserreichs im späten 6. Jh. v. Chr. und die Perserkriege im frühen 5. Jh. v. Chr.

lich undenkbar war, hatte seinen guten Grund. Nur eine städtische Gründung konnte dem Anfangen und Etwas-in-Bewegung-Setzen, dem αγερε und *agere*, eine zuverlässige Chance geben, weil die Hilfe der anderen, die für das Vollbringen und tragende Weiterführen, das πραττειν und *gerere*, unerlässlich ist, in dem geregelten Zusammenwohnen der Bürger immer zur Hand ist. So werden die Bürger einer Polis in den Stand gesetzt, nicht nur wie alle, die der Lebensnotwendigkeiten Herr geworden sind, hie und da zu handeln, sondern ständig frei zu *sein*. Dabei liegt es im Wesen dieser stadtstaatlichen Entwicklung, dass das Vollbringen und Weiterführen im Laufe der Zeit eine höhere Bedeutung für das politische Leben erlangen müssen als das schiere Initiieren selbst, und die Folge hiervon ist, dass sowohl im Griechischen wie im Lateinischen es schließlich nur noch ein Verb für das Handeln gibt, nämlich das πράττειν und *gerere*, während ἄρχειν und *agere* zwar nicht aus den Sprachen verschwinden, aber aufhören, ihre volle politische Bedeutung zu haben. Dennoch sagt noch Aristoteles, der in seiner politischen Philosophie sonst ausschließlich das Wort πράττειν benutzt, um den Gesamtbereich menschlicher Angelegenheiten und seiner Tätigkeit zu bezeichnen, dass die Polis sich aus ἄρχοντες (*árchontes*) – und nicht aus πράττοντες – zusammensetze, und darin schwingt sowohl das Herrschen, nämlich die Herrschaft über Sklaven, mit, welche das Freisein erst ermöglichte, wie die positive Freiheit des Anfangens.

Ich erwähnte bereits, dass der antike Freiheitsbegriff, gerade weil er so ausschließlich politisch war, in der Philosophie der sokratischen Schule keine Rolle spielte. Und auch die Römer, die ja trotz gelegentlicher Rebellionen gegen die antipolitischen Tendenzen der griechischen Philosophenschulen weder die Thematik noch die Denkweisen der ihnen überkommenen Lehren erweiterten oder entscheidend änderten, sind natürlich gar nicht auf die Idee gekommen, ihre politisch erfahrene Freiheit philosophisch zu formulieren und zu begründen. Noch weniger Hoffnung dürfte uns die christliche Philosophie geben, und am wenigsten wohl der große christliche Denker, welcher die von Paulus vielleicht zuerst erfahrene neue Willensfreiheit des »inneren« Menschen zu einem Grundbestand abendländischer Philosophie ausdeutete, nämlich Augustinus[21]. Nun findet sich aber bei Augustinus neben der für die Tradition so bestimmend gewordenen Erörterung des *liberum arbitrium*[22] noch eine andere und ganz anders geartete Freiheitstheorie, die charakteristischerweise in seinem einzigen wesentlich politisch bestimmten Traktat, in der ›Civitas Dei‹,[23] auftaucht, wo Augustinus natürlicherweise sehr viel stärker aus spezifisch römischen Erfahrungen her spricht als in seinen anderen Schriften. In der ›Civitas Dei‹ nämlich ist Freiheit für Augustinus nicht eine innere Verfassung des Menschen, sondern ein Zeichen für die Art und Weise, in der menschliche Existenz in der Welt vorkommt, und er begründet diese Freiheit damit, daß der Mensch selbst in der Welt ein Anfang sei, ein *initium*, insofern er ja nicht ebenso lange existiert habe wie die Welt selbst, nicht mit ihr gleichzeitig geschaffen worden sei, sondern als ein

21 Vgl. Anm. 11.

22 Lat.: ›die freie Wahl‹, ohne äußeren Zwang, die jedoch nicht Beliebigkeit, sondern das Abwägen guter Gründe bzw. möglichst vieler Alternativen meint.

23 Augustinus, *De civitate Dei* (lat.): ›Der Gottesstaat‹.

neuer Anfang in die schon geschaffene Welt. Dieses Anfang-Sein bestätigt sich in der menschlichen Existenz, insofern jeder Mensch wieder durch Geburt als etwas je ganz und gar Neues in die Welt kommt, die vor ihm war und nach ihm sein wird. Weil er ein Anfang ist, meint Augustinus, kann der Mensch etwas Neues anfangen, also frei sein; und damit es so etwas wie Anfangen in der Welt überhaupt gebe, habe Gott den Menschen erschaffen: *initium ut esset homo creatus est ante quem nemo fuit.*[24]

Angesichts der antipolitischen Tendenzen des frühen Christentums mag es uns wohl paradox scheinen, dass gerade ein christlicher Denker die philosophischen Implikationen des antiken, ursprünglich politisch erfahrenen Freiheitsbegriffes entwickeln sollte. Auf die Tradition christlicher oder neuzeitlicher Philosophie ist denn auch dieser Freiheitsbegriff ohne alle Wirkung geblieben, und wir finden Spuren, die auf ihn zurückdeuten, erst bei Kant[25] wieder, der auch, ähnlich wie Augustinus, zwei voneinander ganz unabhängig konzipierte Freiheitsbegriffe kennt: die praktische Freiheit, die er als »Unabhängigkeit der Willkür von der Nötigung durch Antriebe der Sinnlichkeit« bestimmt und die also eine negative Freiheit bleibt, und jene ›Spontaneität‹, die in seiner Philosophie vor allem für das Denken und Erkennen wesentlich ist und die er als die Fähigkeit bestimmt, »eine Reihe von Begebenheiten ganz von selbst anzufangen«. Wie nahe verwandt die Kant'sche

24 *De Civitate Dei* 12, 20.

25 Vgl. Kant, Kritik der reinen Vernunft, B 561 ff. bzw. den Abschnitt »Auflösung der kosmologischen Ideen von der Totalität der Ableitung der Weltbegebenheiten aus ihren Ursachen«, Stuttgart 2016, S. 574–578.

Spontaneität dem Augustinschen Anfang ist, kann man schon daran sehen, dass er sie wohl auch eine »Freiheit im kosmologischen Verstande« nennt. Wäre sie für ihn primär und ausschließlich ein Willensphänomen, so wäre unverständlich, warum gerade Erkenntnis nicht möglich wäre ohne die Spontaneität der Verstandesbegriffe und warum er so nachdrücklich von der »Spontaneität des Denkens« spricht.

Wie dem auch sei, die Tatsache, dass wir eine philosophische Fundierung der politisch erfahrenen Freiheit zuerst bei einem christlich-römischen Denker finden, mutet sonderbar nur an, wenn wir unsere Vorstellung vom Christentum an der antipolitischen Stimmung des Urchristentums und vor allem an der Willenslehre der Paulinischen Briefe orientieren. Mir scheint es zweifellos, dass sich diese Vorstellung erheblich ändert, wenn wir unsere Aufmerksamkeit mit größerer Entschiedenheit auf Jesus von Nazareth selbst, seine Person und seine Predigt richten. In ihr kommt ein ganz außerordentliches Verständnis für Freiheit und die Macht, die menschlicher Freiheit innewohnt, zum Ausdruck, aber die menschliche Fähigkeit, die dieser Macht entspricht und in den Worten des Evangeliums imstande ist, Berge zu versetzen, ist nicht der Wille, sondern der Glaube. Das Werk des Glaubens ist das Wunder, dessen Begriff in vielem vieldeutig und schwer zu interpretieren ist. Von dieser Vieldeutigkeit dürfen wir hier absehen und uns allein auf die Stellen berufen, in denen das Wunder keineswegs als ein ausschließlich jenseitig bewirktes Ereignis erscheint, wiewohl es in allen Fällen natürliche Abläufe, die automatisch verlaufen, unterbricht zugunsten von etwas Unerwartetem.

Ich möchte nun behaupten, dass, wenn es richtig ist, dass Handeln wesentlich Anfangen ist, diese Wunderkräftigkeit ebenfalls zu seinem Wesen gehört. Und um Ihnen diese These ein wenig schmackhafter zu machen, möchte ich Sie daran erinnern, dass es in der Natur eines jeden Neubeginns liegt, dass er von dem Gewesenen her gesehen schlechterdings unerwartet und unerrechenbar in die Welt bricht. Im Grunde mutet uns jedes Ereignis wie ein Wunder an. Dies Wunder als ein ausschließlich religiöses Phänomen zu sehen, scheint mir auf einem Vorurteil zu beruhen. Und um dies wiederum zu erläutern, darf ich Sie vielleicht noch daran erinnern, dass der gesamte Rahmen unserer realen Existenz – die Erde, das organische Leben auf ihr, das Menschengeschlecht inmitten der Tiergattungen – auf einer Kette von Wundern beruht. Vom Standpunkt der Vorgänge in dem Universum und der in ihnen waltenden Wahrscheinlichkeiten, die statistisch erfassbar sind, ist bereits die Entstehung der Erde eine ›unendliche Unwahrscheinlichkeit‹, wie die Naturwissenschaftler sagen – ein Wunder nämlich, wie wir sagen würden. Nicht anders verhält es sich mit der Entstehung des organischen Lebens aus den Ablaufsprozessen des Unorganischen oder mit der Entstehung der Spezies Mensch aus den Entwicklungsprozessen des organischen Lebens. Mit anderen Worten, jeder neue Anfang wird zum Wunder, wenn er gesehen und erfahren wird von dem Standpunkt der Prozesse, die er notwendigerweise unterbricht, wobei ausschlaggebend ist, dass diese Sicht nicht irgendeinem besonderen oder besonders erhöhten Standpunkt geschuldet ist, sondern im Gegenteil diejenige ist, die uns am nächsten liegt und die alltäglichste ist.

Mit diesem Beispiel möchte ich erläutern, dass das, was wir wirklich nennen, immer ein Geflecht irdisch-organisch-menschlicher Realität ist, das gerade qua Realität durch Einschläge von unendlich Unwahrscheinlichem entstanden ist. Nimmt man dies Beispiel als ein Gleichnis für das, was nun wirklich im Bereich menschlicher Angelegenheiten vorgeht, so fängt es natürlich gleich an zu hinken. Denn die Prozesse, mit denen wir es im Politischen zu tun haben, sind, wie wir sagen, geschichtlicher Natur, das heißt, sie verlaufen nicht in Form natürlicher Entwicklungen und ihrer Zufälle, sondern sind Ereignisketten, in deren Gefüge jenes Wunder des Zufalls oder der unendlichen Unwahrscheinlichkeit sich immerhin so häufig ereignet, dass es uns seltsam erscheint, hier überhaupt von Wundern zu sprechen. Das liegt aber nur daran, dass der Geschichtsprozess aus menschlichen Initiativen entsteht und von ihnen dauernd unterbrochen wird. Sieht man diesen Prozess in seinem schieren Prozesscharakter, so ist jeder Neubeginn in ihm, ob zum Heil oder Unheil, so unendlich unwahrscheinlich, dass alle größeren Ereignisse sich wie Wunder ausnehmen. Objektiv, beziehungsweise von außen gesehen, sind die Chancen, dass der morgige Tag genau so verlaufen wird wie der heutige, immer überwältigend – sicher nicht ganz so überwältigend, aber in menschlichen Proportionen annähernd so groß wie die Chance, dass aus kosmischen Geschehnissen *keine* Erde, aus anorganischen Vorgängen *kein* Leben und aus der Evolution der Tiergattungen *nicht* die Spezies Mensch entstehen wird.

Der entscheidende Unterschied zwischen den ›unendlichen Unwahrscheinlichkeiten‹, auf denen alles Leben auf der Erde und alles natürlich Wirkliche beruht, und den

Ereignis-Wundern innerhalb menschlicher Angelegenheiten ist natürlich, dass es hier einen Wundertäter gibt, den wir kennen, dass der Mensch nämlich auf eine höchst geheimnisvolle Weise dafür begabt scheint, Wunder zu tun. Im gewöhnlichen Sprachgebrauch nennen wir diese Begabung das Handeln. Und insofern Handeln und Anfangen das nämliche sind, steckt ein Element des Handelns in allen menschlichen Tätigkeiten, die mehr sind als bloße Reaktionen. Auch das bloße Herstellen fügt der Welt einen neuen Gegenstand hinzu, auch das reine Denken fängt immer eine Reihe neu und ganz von selbst an.

V

Versuchen wir von diesen philosophischen Begründungen eines politisch erfahrenen Freiheitsbegriffes zurückzufinden, um uns mit seiner Hilfe noch kurz im Felde unserer gegenwärtigen politischen Erfahrungen zu orientieren, so können wir sagen, dass die außerordentliche Gefahr der totalen Herrschaft für die Zukunft der Menschheit weniger darin besteht, dass sie tyrannisch ist und politische Freiheit nicht duldet, als dass sie jede Form der Spontaneität, das heißt das Element des Handelns und der Freiheit in allen Tätigkeiten, zu ertöten droht. Es liegt im Wesen dieser furchtbarsten Form der Tyrannis, dass sie die Möglichkeit des Wunders oder, um eine Ihnen vertrautere Sprache zu sprechen, die Möglichkeit des Ereignisses aus der Politik auszuschalten strebt, um uns jenen automatischen Prozessen zu überantworten, von denen wir ohnehin umgeben sind – in der irdischen Natur wie dem die Erde umgebenden Universum – und von denen wir zudem selber, sofern wir organische Natur sind, getrieben werden. Wundergläubig in einem schlechten Sinn, das heißt abergläubisch, wäre es zu glauben, dass sich innerhalb dieser automatischen Prozesse das ›unendlich Unwahrscheinliche‹ ereignen werde, wiewohl auch dies nie ganz und gar ausgeschlossen ist. Gar nicht abergläubisch aber, sondern nur realistisch ist es, in der Politik mit dem Unvorhersehbaren zu rechnen, auf es gefasst zu sein und Wunder dort zu erwarten, wo sie tatsächlich dauernd möglich sind. Denn das menschliche Freisein ist nicht weniger eine Tatsache und nicht ein nur metaphysisch zugänglicher Sachverhalt, wie der Automatismus von Prozessen, innerhalb derer und gegen die es sich ständig durchsetzt. Andererseits haben auch die durch Handeln entstandenen Prozesse immer eine Tendenz, automatisch zu werden, und das heißt, dass es keine Tat und kein Ereignis geben kann, das die Menschheit oder ein Volk ein- für allemal erlöst und ihm das Heil bringt.

In der Natur der automatischen Prozesse, denen der Mensch ohnehin unterworfen ist und denen er ohne das Wunder der Freiheit absolut unterworfen wäre, liegt es, dass sie für den Menschen als solchen immer ruinös sind, so ruinös wie der biologische Prozess, der sein ganzes Wesen durchwaltet und ihn biologisch gesehen immer nur von der Geburt in den Tod führen kann. Von dem Wunder, das sich in allen politischen Vorgängen ereignen kann, solange die Freiheit des Menschen, seine Gabe, den Ruin zu unterbrechen, intakt geblieben ist, können immer nur die Welt und *die* Menschen ein Heil erwarten – aber niemals das Leben, das als Leben der Gattung natürlicherweise immer währt und des Heils nicht bedarf, und niemals der

Mensch, der als Einzelner sterben muss. Unterbrechbar sind die ruinösen Prozesse nur für die uns allen gemeinsame Welt, die unser Leben überdauert oder jedenfalls überdauern kann und mit der es Politik in einem ausdrücklichen Sinne zu tun hat. Dem entspricht, dass das Anfangen-Können zwar eine Gabe des Menschen in seiner Singularität sein mag, dass es sich aber nur realisieren kann im Bezug auf die Welt und unter der Mitwirkung der anderen.

Handeln, im Unterschied zum Denken und Herstellen, kann man nur mit der Hilfe der anderen und in der Welt. In dem Zusammenhandeln, dem »acting in concert« (wie Burke[26] zu sagen pflegte), realisiert sich die Freiheit des Anfangen-Könnens als ein Frei*sein*. Der Unterschied zwischen dem Handeln einerseits, dem Herstellen und Denken andererseits liegt darin, dass im Herstellen und Denken nur der Anfang frei ist; das Vollbringen, wenn es glückt, realisiert nie mehr als den zu Beginn ergriffenen Gedanken oder das von der Einbildungskraft vorweg vorgestellte Ding, dem der Herstellungs- oder Denkprozess unterworfen ist. Demgegenüber bleibt das Handeln, soll es auch nur das Geringste zustande bringen, auch in seinem Vollzug darauf angewiesen, dass Freiheit dauernd neu betätigt wird, dass neue Anfänge gleichsam dauernd neu in das einmal Begonnene nachströmen. Denn das Resultat des Handelns ist nicht ein

26 Edmund Burke, »Thoughts on the Cause of the Present Discontents«, in: *The Works of the Right Honourable Edmund Burke*, Vol. I., London 1797, S. 529: »They believed that no men could act with effect, who did not act in concert; that no men could act in concert, who did not act with confidence; that no men could act with confidence, who were not bound together by common opinions, common affections, and common interests.«

Gegenstand, der, ist er erst einmal konzipiert, auch herstellbar ist. Das Resultat des Handels hat eher den Charakter einer Geschichte, die solange weitergeht, als gehandelt wird, deren Ende und Endresultat aber keiner, auch nicht der, welcher die Geschichte anfing, voraussehen und konzipieren kann. Das Anfangen und Vollbringen sind also im Falle des Handelns nicht so geschieden, dass derjenige, der anfängt, alles vorauswüsste und die anderen, die ihm beim Vollbringen helfen, nur sein Wissen zu realisieren, seinen Befehlen zu gehorchen, seine Entschlüsse zu vollstrecken brauchten. Im Handeln gehen Anfangen und Vollbringen ineinander über, was politisch gewendet besagt, dass derjenige, der die Initiative ergreift und so anzuführen beginnt, sich unter denen, die zu ihm stoßen, um ihm zu helfen, stets wie unter Seinesgleichen bewegen muss, und weder wie ein Herrscher unter seinen Dienern noch wie ein Meister unter seinen Lehrlingen und Gesellen. Dies ist der Sinn des Herodot-Wortes, dass es zur Freiheit gehört, dass man weder beherrscht wird noch selber herrscht und dass daher Menschen nur in der ἰσονομία, wie Demokratie ursprünglich hieß –, in dem Unterseinesgleichen-Sein frei sein können.

Durch das Freisein, in dem die Gabe der Freiheit, des Anfangen-Könnens, zu einer greifbar weltlichen Realität wird, entsteht zusammen mit den Geschichten, die das Handeln erzeugt, der eigentliche Raum des Politischen. Es gibt ihn immer und überall, wo Menschen in Freiheit, ohne Herrschaft und Knechtschaft miteinander leben, aber er verschwindet – auch wenn das institutionell-organisatorische Gerüst, das ihn einschließt, intakt bleiben sollte – sofort, wenn das Handeln aufhört, das Sicherverhalten und Verwalten anfängt oder auch einfach die Initiative erlahmt, neue Anfänge in die Prozesse zu werfen, die durch das Handeln entstanden sind. Dann werden auch die durch Freiheit entstandenen Prozesse automatisch, und dieser von Menschen selbst erzeugte Automatismus ist für die Welt nicht weniger verderblich als der Automatismus der Naturprozesse für das Leben des Einzelnen. In der Geschichtswissenschaft sprechen wir in solchen Fällen von versteinernden oder untergehenden Kulturen, und wir wissen, dass solche Untergangsprozesse viele Jahrhunderte überdauern können, ja, dass sie rein quantitativ vermutlich den weitaus größten Raum der uns überlieferten Geschichte einnehmen.

Weil in der Geschichte der Menschheit die Epochen des Freiseins immer nur verhältnismäßig kurz waren und weil andererseits auch in den langen Versteinerungs- und Untergangsepochen das schiere Anfangen-Können, das Freiheitselement, das allen menschlichen Tätigkeiten innewohnt, intakt bleiben kann, ist es nicht verwunderlich, dass Menschen immer dazu geneigt haben, Freiheit als etwas zu verstehen, das nur außerhalb des Politischen möglich ist, als eine Freiheit von Politik. Aber dies Selbstverständnis ist ein Missverständnis, das einer Lage entspringt und entspricht, in der alles im spezifischen Sinne Politische erstarrt oder in einen ausweglosen Automatismus geraten ist. In diesen Situationen gibt es ein Freisein als eine positive Tätigkeit mit der nur ihr eigenen Virtuosität nicht mehr. Das Freisein ist zurückgedrängt auf die Gabe der Freiheit – jener Mitgift, die in der ganzen Schöpfung nur dem Menschen eigentümlich zu sein scheint, die sich auch in anderen Tätigkeiten als den politischen äußern kann, die aber doch nur im Handeln sich den ihr zugehörigen Raum, die ihr angemessene weltliche Realität schafft.

Dass Freisein als eine weltliche Realität zerstörbar ist, ja, dass es nur selten in der Geschichte seine volle Virtuosität entfaltet hat, hat die europäische Menschheit eigentlich immer gewusst. Dass nicht nur das Freisein, sondern auch die Gabe der Freiheit, also das, was der Mensch nicht gemacht hat, sondern was mit ihm zusammen in der Welt erschien, zerstört werden kann, wissen wir oder müssen wir befürchten, seitdem wir die Bekanntschaft mit den totalen Herrschaftsformen gemacht haben. Dies Wissen oder diese Furcht lastet heute schwerer auf uns als je. Denn von der Freiheit der Menschen – von ihrer Fähigkeit, das Unheil zu wenden, das immer automatisch verläuft und daher stets unabwendbar scheint, von ihrer Gabe, das ›unendlich Unwahrscheinliche‹ zu bewirken und als Wirklichkeit zu konstituieren – mag diesmal mehr abhängen als je zuvor, nämlich die Fortexistenz der Menschheit auf der Erde.

Zu dieser Ausgabe

»Der Mensch, ein gesellschaftliches oder ein politisches Lebewesen« wird wiedergegeben nach der Erstveröffentlichung in:

> Die Deutsche Universitätszeitung 10 (1960) 15. Jg. S. 38–47. [Dort als Vorabdruck eines Kapitels aus: Hannah Arendt, Vita activa oder Vom tätigen Leben.]

»Freiheit und Politik« wird wiedergegeben nach der Erstveröffentlichung in:

> Die neue Rundschau 69 (1958) H. 4. S. 670–694.

Der Abdruck beider Texte erfolgt mit freundlicher Genehmigung des Piper Verlages. Die Orthografie wurde behutsam modernisiert.

Nachwort

Meiner Cousine, der Philosophin und Juristin Sylvie Trosa (1958–2017), zum Gedächtnis

»Man wird nicht leicht einen kühneren Geist in der gegenwärtigen Literatur finden, soweit sie uns in deutscher Sprache zugänglich ist.« Mit diesem Satz eröffnete der Politologe Dolf Sternberger (1907–1989) am 31. Dezember 1960 in der *Frankfurter Allgemeinen Zeitung* seine Besprechung von Hannah Arendts (1906–1975) Studie *Vita activa: Oder vom tätigen Leben.* Das zwei Jahre zuvor unter dem Titel *The Human Condition* erschienene, von Arendt selbst übersetzte und dabei wesentlich veränderte Werk gilt seither als ihr wichtigstes. Der erste der beiden hier erstmals gemeinsam abgedruckten Texte, »Der Mensch, ein gesellschaftliches oder ein politisches Lebewesen«, wurde 1960 als Vorabdruck unverändert aus *Vita activa* herausgelöst. Der ursprünglich als Vortrag in Zürich gehaltene ältere Aufsatz »Freiheit und Politik« stammt dagegen aus dem Jahr 1958.

Arendts Freund Sternberger war nicht nur Universitätslehrer in Heidelberg, sondern auch ein einflussreicher Journalist, der um die Wirkung erster Sätze und effektvoller Formulierungen wusste. All das traf auch auf Arendt zu: Die griechische Polis wird als das »Reich der Freiheit« bezeichnet, und ganz so, als bedürfe es keiner weiteren Überlegungen, notiert Arendt: »Der Sinn von Politik ist Freiheit«. Leser werden noch viele weitere Formulierungen finden, die einerseits wie Kalenderweisheiten klingen, andererseits als ungeheuerliche Kondensate langer Denkwege Aufmerksamkeit fordern: Die beiden ausgewählten Beispiele bezeugen diesen Doppelcharakter.

Was die vermeintlichen Merksätze eint, ist die Tatsache, dass stets der Begriff Freiheit in ihnen vorkommt. Und so ist es nicht nur deshalb geboten zu schreiben: Wer nach einem Fluchtpunkt oder einem roten Faden in dem umfangreichen Schaffen der Philosophin und politischen Theoretikerin Arendt sucht, der wird ihn im Begriff der Freiheit finden. Beide Texte bezeugen das auf je unterschiedliche Weise: Sie fassen die Erkenntnisse früherer Überlegungen zusammen und präsentieren sie dennoch gänzlich neu. Zudem öffnen sie den Blick für ein besseres Verständnis ihres Spätwerkes, also zu *Eichmann in Jerusalem* (1963 / dt. 1964), *Über die Revolution* (1963 / dt. 1964) und schließlich zum Fragment gebliebenen, zweibändigen Werk *Vom Leben des Geistes* Bd. 1: *Das Denken*, Bd. 2: *Das Wollen* (1978 / dt. 1979).

Während viele Autoren nach 1945 von Freiheit sprachen, um sich in erster Linie von der Politik des Ostblocks abzugrenzen, lässt sich bei Arendt schon früh ein anders gelagertes, nämlich ein historisches und systematisches Interesse am Freiheitsbegriff feststellen. Dabei greift ihr um den Begriff der Freiheit zentriertes Denken stets doppelt aus: Zum einen bildet Freiheit den Leitfaden, der es ermöglicht, eine umfassende Vorstellung vom Werden unserer Gegenwart zu erhalten. Zum anderen lässt sich nach Arendt mittels der Zentralstellung der Freiheit ein Verstehen menschlichen Handelns innerhalb der verschiedenen Formen menschlichen Zusammenlebens erreichen, die eben auf diese Weise deren Möglichkeiten und Grenzen erschließt. Und schließlich gewinnt sie über den Freiheitsbegriff ein eigenwilliges Verständnis dessen, was der Geschichtsdenker Dan Diner etwa wie in seinen *Aufklärungen*[1] den »Zivilisationsbruch« nennen wird.

Wegen der immensen Bedeutung des Freiheitsbegriffs für die Denkerin seien zunächst ein paar werkbiografische Stationen der Entwicklung angeführt, bevor auf die beiden Texte eingegangen werden soll. Am Ende werden die Erkenntnisse auf das bereits erwähnte Spätwerk bezogen.

I. Freiheit und Biografie

Wer nach den Anfängen von Arendts Beschäftigung mit der Freiheit als philosophischem Begriff sucht, der wird bereits in ihrer ersten größeren Veröffentlichung fündig. In ihrer 1929 vorgelegten Heidelberger Dissertation über den »Liebesbegriff bei Augustin« kreist ihr Denken um die Feststellung, dass der Mensch in der Liebe Angstlosigkeit findet. Diese Angstlosigkeit führt zur Freiheit. »Freiheit statt Angst«, so könnte die Formel lauten, die Arendts Überlegungen leitet, die hier mit einer Kritik der Philosophie verkoppelt ist: Diese kenne den Menschen nur als Gattung oder als Einzelnen, aber nicht als Freunde oder Paar. Arendt ist jedoch schon früh davon überzeugt, dass statt »des« immer von »den« oder »dem« Menschen gesprochen werden muss, will man seine besondere Stellung in der Welt erfassen. Dass dies eine klare Zurückweisung wesentlicher Elemente der Philosophie ihres Lehrers Martin Heidegger (1889–1976), vor allem der in

1 Dan Diner, *Aufklärungen. Wege in die Moderne*, Stuttgart 2017.

Sein und Zeit (1927) entwickelten Existenzial-Kategorien der »Angst« oder der »Jemeinigkeit« darstellt, ist offensichtlich.

Diese Auffassung der Freiheit ändert sich auch nach 1933 nicht, als Arendt vor den Nationalsozialisten zunächst nach Paris flieht und dort für ihre Feinde sichtbar politisch für eine zionistische Organisation tätig wird. Freisein, das erfährt Arendt nunmehr tagtäglich, wird zu einem gleichermaßen privilegierten wie gefährdeten Gut. Geschärft worden war ihr Blick auf die politischen Verhältnisse durch ihre weitgehend abgeschlossene Arbeit über Rahel Varnhagen (1771–1833), die im 18. Jahrhundert ihre Freiheit als Jüdin auf den Satz Gotthold Ephraim Lessings (1729–1781): »Auf das Selbstdenken kommt es an« gegründet hatte. Es mag also auch ein gewisser Realismus gewesen sein, der sich am Festhalten des in diesen Jahren als konservativ kritisierten Freiheitsbegriffs zeigt, den Arendt von der Teilnahme an den vielfältigen Auseinandersetzungen um das Für und Wider eines politischen Engagements in den Pariser Emigrantenszenen abhielt.

Als sie mit ihrem zweiten Ehemann Heinrich Blücher (1899–1970) nach Lageraufenthalten im Mai 1941 noch glücklich die USA erreichte, dürfte sie sich darüber gefreut haben, dass Präsident Roosevelt (1882–1945) seit seiner schnell berühmt gewordenen Rede zur Lage der Nation am 6. Januar 1941 immer wieder von »Freedom from Fear« sprach. Mit ihrem Freund, dem Schriftsteller Hermann Broch (1886–1951), wird Arendt über den Zusammenhang von Freiheit, Angst und Menschenrechte in diesen Jahren ausführlich diskutieren. Zudem arbeitete sie als Managing Director für das Jewish Cultural Reconstruction-Komitee, das die Rettung etwa von Kultgegenständen oder Büchern in Deutschland organisierte. Ihre persönliche Erfahrungen von Flucht und Lagerhaft, aber auch die Beobachtungen, die sie im unmittelbaren Nachkriegsdeutschland machte, beeinflussten sie maßgeblich: Bereits ihre umfängliche journalistische und essayistische Publizistik dieser ersten Nachkriegsjahre lassen sich als Versuche lesen, Realgeschichte, Philosophie und politische Theorie miteinander ins Gespräch zu bringen. In ihrem erstmals 1943 auf Englisch vorgelegten Essay »Wir Flüchtlinge«, heißt es: »Je weniger wir frei sind zu entscheiden wer wir sind und wie wir leben wollen, desto mehr versuchen wir eine Fassade zu errichten, die Tatsachen zu verbergen und in Rollen zu schlüpfen.« Das hier formulierte Erfahrungswissen wird Arendt also zum Anlass, die Tiefenschichten von Freiheit zu erkunden.

In diesen frühen Texten verpflichtete sich Arendt bewusst dazu, die historische wie philosophische Aufklärung über den Holocaust, seiner Entstehung und der Konsequenzen für die Weltgemeinschaft darzulegen. Zugleich stellte sie jenes Denken auf die Probe, das sie seit Beginn ihrer Studien in Marburg und Heidelberg der 1920er Jahre geprägt hatte – und das sie bis zum Ende ihres Lebens kritisch begleitete, nämlich die »Existenzphilosophie« Heideggers und Karl Jaspers' (1884–1969). Geradezu selbstverständlich tritt zu diesen beiden Lehrern Immanuel Kant (1724–1804) hinzu. Dessen Begriffe von Freiheit, dem »radikal Bösen« und der Würde bilden die Grundlage ihres ersten großen Werkes, das 1951 unter dem Titel *Origins of Totalitarianism*, vier Jahre später auf Deutsch und wesentlich verändert als *Elemente und Ursprünge totaler Herr-*

schaft veröffentlicht wurde. Die radikalste Verneinung des Menschen, in dem Versuch, das gesamte europäische Judentum auszulöschen, konnte weder mittels historischer Spurensuche erklärt, noch durch hermeneutische Tiefenbohrungen verständlich gemacht werden.

Die in der Totalitarismus-Schrift offengelegte Differenz zwischen der Freiheit zu denken und der Freiheit zu handeln bot mörderischen Ideologien immer wieder die Gelegenheit, die beiden Freiheiten gegeneinander auszuspielen. Es ging dabei um nichts weniger, als die »Umformung« des Menschen. Arendts radikale Konsequenz aus dieser Beobachtung war ein Umbau der philosophischen Tradition und des Zuständigkeitsbereiches der politischen Theorie.

II. Die beiden abgedruckten Texte

Die beiden Texte laden dazu ein, die hier nur sehr oberflächlich angeführte Entwicklung von Arendts Denken nachzuvollziehen und davon ausgehend die entscheidenden Neuerungen zu erkennen: Tatsächlich gehört Arendts Begründung ihres Verständnisses von Freiheit zu den innovativsten Argumenten ihres Werkes – und dies gerade deshalb, weil ihre Begründung mit einer kritischen Auseinandersetzung mit der griechischen Philosophie erfolgt und ihr in der Folge eine Absetzung von dem für sie entscheidenden Heidegger'schen Ansatz gelingt. Bevor dieser Zusammenhang näher betrachtet wird, sollen Hinweise auf die Entstehungsgeschichte der Texte helfen, Arendts Überlegungen in ihrem Werk einzuordnen.

Das Jahr 1958 war für die Philosophin Hannah Arendt von besonderer Bedeutung. Mit der Publikation von *The Human Condition* (dt. 1961 als *Vita activa* veröffentlicht) legt sie ihr philosophisches Hauptwerk vor. Und während zweier Europa-Reisen festigt sie ihren Ruf als beeindruckende Rednerin. Mehr noch: Sie wird zur ersten deutschen jüdischen Emigrantin, die als Autorin große Aufmerksamkeit in der Bundesrepublik erfährt. 1958 wurde sie zu jener öffentlichen Intellektuellen, die wir heute zu kennen glauben.

Diese enorme Aufmerksamkeit verdankt sie unter anderem dem Vortrag »Freiheit und Politik«, den sie am 22. Mai 1958 in Zürich hielt, und der kurze Zeit später in der renommierten deutschen Zeitschrift *Die Neue Rundschau* veröffentlicht wurde. Bereits der Vortrag war ein großer Erfolg, wie sie ihrem Mann in die USA schrieb. Sie war nun jemand, den man hören wollte, weil sie etwas zu sagen hatte. Es gelang ihr, mitten im Kalten Krieg ein Thema zu behandeln, für das, wie Arendt sagt, selbst »ein Buch« nicht zu einem angemessenen Verständnis ausreichen würde. Sie übersetzte den Text im Jahr darauf ins Englische und unterzog diesen dann mehreren Umarbeitungen, bis er schließlich in ihrer heute berühmten Essay-Sammlung *Between Past and Future* 1961 in seiner endgültigen, von der hier abgedruckten sich wesentlich unterscheidenden, Fassung veröffentlicht wurde.

Wegen der immensen Bedeutung der Ausschnitte aus dem zweiten Kapitel von *Vita activa*, die in der Aufsatzfassung mit »Der Mensch, ein politisches oder gesellschaftliches oder politisches Lebewesen?« überschrieben ist, soll die Entstehungsgeschichte dieses Textes etwas ausführlicher nachgezeichnet werden:[2] Am 17. April 1955 akzeptierte Arendt die Einladung für sechs öffentliche Vorträge an der University of Chicago. Die Initiative ging von der dort ansässigen konservativen *Walgreen Foundation* aus, deren Ziel es war, die Grundlagen der amerikanischen Verfassung und der mit dieser verbundenen aktuellen Herausforderungen durch bedeutende Geisteswissenschaftler diskutieren zu lassen. Unter anderem Philosophen wie Jacques Maritain (1882–1973) und Leo Strauss (1899–1973), der Politikwissenschaftler Eric Voegelin (1901–1985), der Diplomat George F. Kennan (1904–2005) oder der Nobelpreisträger von 1974, der Ökonom Friedrich August von Hayek (1899–1992), hielten Vorträge, die im Anschluss zumeist in Buchform veröffentlicht wurden.

Die vom 9. bis 20. April 1956 unter dem späteren deutschen Buchtitel *Vita activa* gehaltenen Vorlesungen von Arendt wurden nach einer wesentlichen, grundlegenden Überarbeitung und einem eingehenden Lektorat unter dem Titel *The Human Condition* 1958 von Arendt publiziert. Die Bedeutung des Buches wurde sofort erkannt. Zwei Jahre später erschien die von Arendt selbst übersetzte und dabei erneut einer Revision unterzogene deutsche Fassung als *Vita activa oder Vom tätigen Leben*. Einer bereits für sie üblich gewordenen Publikationspolitik folgend, gab Arendt ihr besonders wichtig erscheinende Kapitel für den Vorabdruck frei: Bereits 1960 veröffentlichte die *Deutsche Universitätszeitung* den hier abgedruckten Auszug, und die in

2 Für die hier vorgelegte Darstellung wurden Archivmaterialien in Chicago (Regenstein Library, Special Collection) und Washington (Library of Congress, Arendt Papers) eingesehen.

München ansässige Zeitschrift *Merkur* druckte zeitgleich ihre Reflexionen über »Der Mensch und die Arbeit«.

Worin bestehen die zentralen Elemente der beiden Texte? Beide haben eine nie verleugnete pädagogische Seite, obwohl das Wort »Erziehung« oder »erziehen« nur jeweils einmal vorkommt – als »politische Erziehung« (s. S. 12) sowie als scharfe Abgrenzung zwischen »erziehen« und der Herstellung von »Öffentlichkeit« (s. S. 47). Verfolgt man diesen erzieherischen Anspruch in den beiden Texten anhand von Arendts Vorstellung von »Freiheit«, stößt man sofort auf die in den Texten erzählten Geschichten, die den Leser offensichtlich in die Selbständigkeit des Denkens versetzen sollen. Denn wie anders wären sonst die mit leichter Hand gemachten Verknüpfungen zu verstehen, die Arendt zwischen der Freiheit und der philosophischen und politischen Tradition seit den Tagen der Athener Antike herstellt? Nichts anderes bedeutet es zunächst nämlich, wenn die großen Begriffe wie »Freiheit«, »Sprache« und »Handeln« wie auch »Arbeit« und »Geltung« auf die ältesten Zeugnisse der europäischen Überlieferung zurückgeführt werden. Unter der Voraussetzung, dass diese Rückführung doch nur geschehen würde, um die Brüche, die Verschiebungen, das Vergessen von einstmals die Ordnung der Gesellschaften zusammenhaltenden Begriffen und ihren ursprünglichen Bedeutungen darzulegen: Wer ist dann der Adressat? Arendt schreibt immer für ihre Gegenwart. Als gute Pädagogin weiß sie, dass auf die Zukunft ausgestellte Wechsel keinen Wert haben. Sie weiß aber auch, dass in der Welt, wie sie sich in der immer schärfer werdenden Konfrontation zwischen Ost und West den Zeitgenossen zeigt, es lebenswichtig ist, zu verstehen, wie es zum Heute gekommen ist.

Man könnte sagen, dass sie einen sehr breiten Pinsel verwendet, mit dem die historisch-philosophische Grundierung auf die Leinwand aufgetragen wird. Der Leser begegnet dem humanistischen Gymnasium in den Gestalten von Homer bis Aristoteles, und er darf den Helden der französischen Moderne, Montesquieu und Rousseau, beim Denken zusehen. Ihre englischen Kollegen Hobbes und Locke sind ebenso vertreten wie etwa das christliche Mittelalter durch Augustinus oder Thomas von Aquin. Man könnte hier mit einigem Recht auf die Idee kommen, im griechischen *paideia* (also Bildung, verstanden als Besitz und Ergebnis des Erziehungsprozesses, als Hinwendung zum Denken) die Gleichzeitigkeit von Erziehung und Bildung in den Passagen gespiegelt zu sehen, in denen Arendt die Ahnenreihen der großen Denker am Leser vorüberziehen lässt.

Doch nichts könnte mehr täuschen, obwohl die Vortragsüberschrift »Erziehung zur Freiheit« heißt und Arendt stets entschieden auftritt. Die »Freiheit«, die sich Arendt nimmt und die ihr »Freisein« unterstreicht, ist stets kontrolliert, das heißt: durchdacht. Die Sekundärliteratur hat sich viel Mühe gemacht, Arendts Zeugen bzw. deren Auftritt und Deutung mit dem vermeintlichen Originalsinn abzugleichen. Die Arbeit kann man sich sparen. Denn dass die genannten Klassiker allesamt sich in den Gedankengang einfügen, hat nie außer Frage gestanden. Wesentlich ist hingegen die Frage, wie die Erzählungen eingesetzt werden und warum sie genau diese Aussagen in ihre Schriften eingeschoben hat, die man nun bei ihr nachlesen kann. Stellt man diese Frage, kommt man schnell von Arendts pädagogischen hin zu ihren historischen Absichten.

Die Historikerin Arendt überprüft die Geschichten, die sie über große Namen und Ereignisse in pädagogischer Absicht erzählt. Sie ist eine große Skeptikerin, wenn es darum geht, historische Exaktheit mit höheren Prinzipien zu rechtfertigen: Oft fällt sie sich als der Philosophin ins Wort, während die Philosophin sich als Historikerin daran erinnert, sich nicht in den Zufälligkeiten des Einzelereignisses zu vertiefen, nur weil hier das »Handeln«, also die genuine menschliche Tätigkeit, die uns neben dem Sprechen politisch sein lässt, einen so mächtigen Reiz auf uns ausübt.

Was damit gemeint ist, soll an einem längeren, typischen und für unser Ansinnen, Arendts Begriff von Freiheit genauer zu bestimmen, wesentlichen Abschnitt aufgewiesen werden (vgl. hier S. 48):

> Dabei verstehe ich unter Freiheit nicht jene Mitgift der menschlichen Natur, welche die Philosophen so oder anders bestimmen, so oder anders innerhalb der menschlichen Fähigkeiten lokalisieren mögen. Noch weniger meine ich die sogenannte innere Freiheit, in die man vor einem äußeren Zwang ausweicht; sie ist historisch ein spätes und sachlich ein sekundäres Phänomen. Ihr liegt ein *Rückzug aus der Welt* zugrunde, bei dem man gewisse Erfahrungen und Ansprüche in das eigene Innere verschleppt, welche ursprünglich in dem Außen der Welt ihren Platz hatten und von denen wir nichts wüssten, hätten wir sie nicht erst einmal als weltlich-greifbare Wirklichkeit kennengelernt. Ursprünglich erfahre ich Freiheit und Unfreiheit im Verkehr mit anderen und nicht im Verkehr mit mir selbst. Frei *sein* können Menschen nur in Bezug aufeinander, also nur im Bereich des

Politischen und des Handelns; nur dort erfahren sie, was Freiheit positiv ist und dass sie mehr ist als ein Nicht-gezwungen-Werden.

Freiheit wird hier an die Menschen zurückgebunden, also nicht an eine höhere oder niedrige Instanz, eine Theorie oder ein Begriffsschema. Natalität, Mortalität und Pluralität zeichnen den Menschen aus, sie spannen sein Dasein auf, machen das Dasein aus. Und ohne sie wäre der Mensch nicht länger Mensch, wie aber im Zeitalter der totalitären Ideologen, die das Werk der »Umformung« in Gang gesetzt haben. Arendt zitiert in diesem Sinne immer wieder den Satz des Augustinus »Initium ergo ut esset, creatus est homo, ante quem nullus fuit« aus *Vom Gottesstaat*: »Damit ein Anfang sei, wurde der Mensch geschaffen, vor dem es niemanden gab.«

Aus dieser Position heraus schafft sich der Mensch, so Arendt, das Politische durch Sprechen und Handeln. Er wird damit weder, wie die alten Griechen meinten, sofort zum »politischen« oder gar, wie in der römischen Tradition, zum »sozialen Wesen«. Vielmehr will Arendt den Menschen etwa davor bewahren, das er in Zeiten des Individual- und Kollektivwahns durch eine Definition eingeschränkt wird. Das politische Lebewesen Mensch, das Arendt mit großer Emphase immer wieder beschwört, ist zunächst einmal eines (und das kann man nicht oft genug betonen), dem die Möglichkeit zum Neuanfang mitgegeben ist. Die Menschen sind in diesem Sinne fundamental frei.

An dieses Verständnis von Freiheit muss Politik, also das Zusammenkommen von Handeln und Sprechen, wieder anknüpfen. Daraus ergibt sich kein »politisches« Programm, Arendt ist für so etwas auch viel zu stark Realistin. Dennoch vertritt sie einen genuinen Aufklärungsbegriff. Die Historikerin wird zur Philosophin, die Philosophin zur Historikerin – und beide werden zur politischen Theoretikerin in beiden Texten immer dann, wenn es darum geht, die Möglichkeitsspielräume auszuloten, die uns durch Geburtlichkeit, Sterblichkeit und dem Zusammensein mit anderen Menschen gegeben sind. Damit sind wir strukturell dazu verpflichtet, an die Anfänge zurückzugehen, die den Menschen ihre Geschichten erzählen. »Palin ex archès«, wie es bei Platon und gelegentlich bei Aristoteles heißt: Es geht darum, nochmals – und immer wieder – von vorne zu beginnen, also an die ersten Reflexionen über die Menschen und ihre ersten Versuche, Gründe dafür anzugeben, zurückzugehen, warum sie wie mit anderen zusammenleben.

Diese Sehnsucht nach dem Anfang ist, wie viele meinen, eine Flucht in die Antike oder in den Bildungsschatz einer stolzen Elite, der niemand ihr Wissen um das Gewordensein von Menschen und Dingen nehmen kann. Arendt sieht in dieser Geste jedoch etwas durch und durch Politisches – und zwar etwas Politisches, das nicht in der Ideenwelt verbleibt, sondern jene Dimension aufspannt, in der die Menschen erst leben und im Zweifelsfalle auch überleben können sollen, nämlich die Öffentlichkeit. Es geht um jenen Raum, der typisch menschlich ist, also kreativ, trotz aller historischen und aktuellen Zwänge unabgeschlossen, aber ebenso fragil und zerbrechlich bleibt, weil er immer auf Freiheit angewiesen ist. Dies wird sie, was hier nur knapp angedeutet werden konnte, in *Vita activa* und zahlreichen weiteren Texten ausführen. Besonders deutlich wird dieser Ansatz in der Schlusspassage von »Freiheit und Politik«:

> Denn von der Freiheit der Menschen – von ihrer Fähigkeit, das Unheil zu wenden, das immer automatisch verläuft und daher stets unabwendbar scheint, von ihrer Gabe, das ›unendlich Unwahrscheinliche‹ zu bewirken und als Wirklichkeit zu konstituieren – mag diesmal mehr abhängen als je zuvor, nämlich die Fortexistenz der Menschheit auf der Erde.

Die Sätze mögen pathetisch klingen, sind aber aus dem zuvor Gesagten als unausweichliche Folge von Arendts Denken zu verstehen. Statt eines irgendwie gearteten Bildes, das Philosophie, politische Theorie oder Theologie überliefert haben, um den Menschen ihre Verlustängste zu nehmen, wirft Arendt ihre eigenen Erfahrungen in die Waagschale. Sie selbst dürfte sich durchaus als Beispiel für eine produktive Erinnerung an die menschlichen Möglichkeitsspielräume verstanden haben. Sie selbst hat niemals vergessen, was ihr und den anderen europäischen Juden angetan wurde und was, unter gänzlich anderen Bedingungen, nunmehr im Sowjetkommunismus nach dem Zweiten Weltkrieg geschieht. Sie selbst dürfte also die großen Worte in allererster Linie deshalb benutzt haben, weil sie hatte lernen müssen, das etwas, das nie hätte geschehen dürfen, doch geschehen war. In diesem Moment solidarisch mit den Lebenden und mit den Toten zu sein, dies als reflektierende und somit stets und notwendig an den hoffnungsvollen Anfang Zurückkehrende zu tun und zu dokumentieren, dürfte die eigentliche Leistung von Hannah Arendt sein. Ihre radikale Ernüchterung im Angesicht der Zeitläufte hat nie den Blick für die Menschen und die Menschen kommender Generationen verloren: keine negative Dialektik, kein Prinzip Hoffnung, sondern stattdessen immer neue Geschichten vom Leben des Geistes.

III. Zwei Texte als mögliche Ausgangspunkte für weiteres Nachdenken

Hannah Arendt hat unermüdlich geschrieben. Was auf den vorangegangenen Seiten entfaltet wurde, bildet eine Zwischenstufe ab. Gleichwohl ändert sich das Konzept in ihren Studien *Über die Revolution* oder *Vom Leben des Geistes* nicht mehr grundlegend. Vielmehr bleibt sie sich und ihrer Arbeits- und Denkweise treu: also, dass jede von Arendt als grundsätzlich ausgewiesene Frage- und Problemstellung von sich aus den Zusammenhang mit anderen grundsätzlichen Frage- und Problemstellungen ergibt. Und das geschieht ebenso notwendig historisch wie systematisch grundiert. Auf diese Weise verhält es sich auch mit dem Begriff der Freiheit, der in den in diesem Band zusammengestellten Texten neu kontextualisiert wird. Man darf es getrost Spezialisten überlassen, wie sich im Einzelnen Änderungen ergeben haben. Es wäre gleichwohl unklug, die beiden hier abgedruckten Texte zum statischen Ausgangs- und Zielpunkt der Beziehung von Freiheit und Politik zu machen. Sie bilden vielmehr Plateaus, von denen aus sich zurück- und vorschreiten lässt, von denen aus der Blick freier ist und sowohl die Möglichkeiten als auch die Grenzen ihrer Überlegungen direkter offenbar werden.